户外探索教育系列工具卡

Forest Kindergarten Daily Activities Guide

森林实践活动指南

为幼儿园教师、创新教育工作者设计

太阳守望者 编著

机械工业出版社
CHINA MACHINE PRESS

声　明

该工具卡为幼儿园教师 / 创新教育工作者设计，但考虑到不同地区的自然特征和不同参与者的差异，故工具卡中内容仅供参考，而非操作标准。请使用者在进行户外活动时务必把安全放在第一位，我们不对使用者因参考此卡片而产生的任何意外伤害事件承担责任。

图书在版编目（CIP）数据

森林实践活动指南 / 太阳守望者编著. —北京:
机械工业出版社，2021.10
（户外探索教育系列）
ISBN 978-7-111-69078-8

Ⅰ. ①森… Ⅱ. ①太… Ⅲ. ①体育锻炼 – 教学参考资料 Ⅳ. ①G806

中国版本图书馆CIP数据核字（2021）第184342号

机械工业出版社（北京市百万庄大街22号　邮政编码100037）
策划编辑：王　炎　　责任编辑：徐曙宁　王　炎
责任校对：丁　悦　　责任印制：单爱军
北京尚唐印刷包装有限公司印刷

2022年3月第1版第1次印刷
105mm × 146mm · 2.25印张 · 111千字
标准书号：ISBN 978-7-111-69078-8
定价：99.00元

电话服务
客服电话：010-88361066
010-88379833
010-68326294

网络服务
机 工 官 网：www.cmpbook.com
机 工 官 博：weibo.com/cmp1952
金 书 网：www.golden-book.com
机工教育服务网：www.cmpedu.com

告伙伴书

人类一路从渔猎采集、农业文明时代发展到此刻的高度工业化和信息化时代，我们面对自然的身分也从最初的“有限的初步开发者”，变成过去一个世纪以来人类社会都已习惯的“以征服者自居”。

如今，人与自然来到了能否和谐共处的交叉路口。自然界能承受的阈限一次次被人的欲望和城市发展所挑战，二者的关系是趋于缓解，还是连锁崩盘？从此刻开始，与自然和谐共处将是全人类最重要的教育课题之一。

户外教育是一门依托于人的身体智慧和环境智慧的学问，它通过多感官伴随的肌肉体验，令参与者看清自己的位置、在人群中的位置以及在自然界中的位置，它借助原始广袤的自然环境，启迪着新的智慧。它不厌其烦地向每个参与者回答一个问题：我是谁？

虽然因为种种原因，它的精髓未能被现代社会应用百分之一，但始终是一座内部金光闪闪的矿藏。它的价值不在于过去的懵睡，而在于未来的觉醒。

有幸，我们能从事这样一份工作。

然而，想成为这个领域的行业专家，道路也只有一条：

别人嫌辛苦的时候，你平静地迎难而上；

别人痛苦地被说服、被要求时，你从不吝啬时间去更新自己的大脑；

别人痴迷于术之快捷，你却思考理之奥妙；

别人项目结束关门大吉，只有你在灯下书写感思。

这是一套为支持创新教育工作者而生的工具盒，从实践项目到体验游戏，优中选优，适合新人入门，也适合在设计课程时作为你的“私家菜谱”参考备用。

每个人的案头也许都有几本心心念念的书，但是鲜有人认认真真地通读，更不必提研究。期待这套书里的每个字都能有幸被你读到。

太阳学院

致　谢

感谢所有在职和曾在职的团队成员一直以来对太阳守望者的付出与维护，感谢疫情特殊时期我们的线上作者和编辑团队，他们分别是河谷、张小现、刘泽宇、谭顺莉、谭娜、魏国峰、马明燕、冯硕、张欢、冷琴和三皮，感谢美术编辑王倩倩老师的热情参与。感谢我们共同的信念。本册工具卡内容由河谷、冷琴、马明燕、冯硕、张欢、三皮共同创作完成。

目　录

告伙伴书

致　谢

禾溪森林童乐园 …… 001

森林教育目标 …… 003

关于森林幼儿园 …… 006

组织与引导 …… 009

日常体验活动 …… 011

（一）自然观察活动 …… 011

01 树木生病了 …… 011

02 死了的树还活着 …… 013

03 不同的叶子 …… 015

04 赏早春花 …… 017

05 种子球 …… 019

06 观察毛毛虫与千足虫 …… 021

07 望远镜观鸟 …… 023

08 观察蝴蝶 …… 025

09 雏鸟抱窝 …… 027

10 数声音 …… 029

11 鸟语欣赏 …… 031

12 观察洞穴 …… 033

（二）节气农耕活动 …… 035

13 篱笆制作 …… 035

14 开垦土地 …… 037

15 售卖山果 …… 039

16 观察蘑菇 …… 041

17 收集种子 …… 043

18 锁孔菜园 …… 045

19 播种和育苗 …… 047

20 搭支架 …… 049

21 生态疏伐 …… 051

22 收小麦、磨面粉 …… 053

23 厨余堆肥 …… 055

24 引水渠 …… 057

25 收获果实 …… 059

26 丰收庆典 …… 061

（三）工程创造活动 …… 063

27 锯木头 …… 063

28 小鸟之家 …… 065

29 打磨积木 …… 067

30 日晷 …… 069

31 土壤渗透测量，雨量计 …… 071

32 野外庇护所 …… 073

33 花园拱门 …… 075

34 狗窝 / 猫窝 …… 077

35 冰砖雪屋 …… 079

36 运输车 …… 081

（四）生活美育活动 …… 085

37 林间阅读 …… 085

38 青团 …… 087

39 采柳树芽 …… 089

40 挖野菜 …… 091

41 桑葚干 …… 093

42 洋槐花饼 …… 095

43 五色糯米饭 …… 097

44 果酱制作 …… 099

45 摘柿子、晾柿干 …… 101

（五）自然手作活动 …… 103

46 林间乐器 …… 103

47 春花相框 …… 105

48 落叶书签 …… 107

49 古法造纸 …… 109

50 植物拓印 …… 111

51 草木染 …… 113

52 泥塑面具 …… 115

53 季节礼盒 …… 117

54 精灵宴席 …… 119

（六）探险活动 …… 121

55 远足 …… 121

56 绳子保护 …… 123

57 生火 …… 125

58 爬坡下坡 …… 127

59 爬树 …… 129

60 搭帐篷 …… 131

61 挖坑 …… 133

62 跳泥坑 …… 135

附录：随身应急小包 …… 137

老师的随身小包 …… 137

急救包 …… 138

禾溪森林童乐园

禾溪森林童乐园（以下简称“禾溪”），是一所纯粹的森林幼儿园，由几位从事青少年探索教育工作的年轻父母创建。从2016年6月开始建设，至2017年9月正式开园，如今经过四年摸索发展，已经有越来越多的家庭选择把孩子送到禾溪。

禾溪位于北京市海淀区温泉镇白家疃村太阳山谷。这里的森林覆盖率高达90%，已查明的树种多达40余种，有大面积的枫树、橡树、黄栌和榿树林，是距离北京城区最近的森林营地。

禾溪的办学理念很简单：
生活即教育，自然乃课堂

春天，一起脚踏实地，开垦播种，寻找春天的印记，一起赏春，吃春。

夏天，享受着森林里的徐徐

凉风，蝉鸣鸟叫；着迷于帐篷搭建，野外生活，荒野烹饪；在雨中嬉戏，浇灌照料田地。

秋天，一起探寻秋色，在落叶中行走；一起收获果蔬；一起带着山谷里的柿子走到社区体验“买”和“卖”。

冬天，远足寻找冬日暖阳，享受冰雪世界带来的欢乐，也迎接风与雪的寒冷挑战。

禾溪园长冷琴老师说——

森林幼儿园的课程是全面的，是以生活为导向的，文字记录的只是按部就班的操作流程，但是对于一直抱着“跟孩子一起在自然中生活”的心态的老师们而言，所谓的主题活动就如同流水一般流淌在日常生活中，而不只是一个十几分钟、几十分钟的活动。

对于孩子们而言，这些成人眼中的项目、课程，就是他们在森林里生活和玩耍的方式。用禾溪孩子们的话来说，“我们的幼儿园都是玩儿啊，上课也是在玩儿，玩儿也是在上课。”所以这套卡片书的整理、编辑，要比一般操作指南多花些精力提炼。

感恩这次整理稿件的机会，让禾溪的教师团队再次梳理了森林幼儿园的魅力所在，更加清晰了系统教学思路。很高兴可以把我们的经历分享给更多的同道伙伴。受限于我们的文字水平有些内容描述不尽完善，还请大家谅解，期待有更多交流机会。

森林教育目标

森林教育以大自然为载体，为儿童提供亲身体验的机会，让儿童在自然环境中，通过大量的户外实践活动，获得直接的生命体验，进而得到身体、心灵与人格的全面发展。

“森林教育”的“森林”不仅指传统意义上的森林，也包括山河湖海、农田郊野等任何可以体验自然的地方。森林教育一改传统教育的灌输模式，让孩子在真实的环境和场景中切实地去体验，从直接经历中获得经验，进而内化成为自己的认知。

正如大自然教育提倡者哈蒙曼（Hammermann）所说，户外拓展了教室的边界，它的围墙可以无限拓展，它的天空阴晴变幻，没有任何一个学习环境可以像户外那么宽广、那么变化无穷、那么有生命力、那么吸引人。

对于课程资源取之不尽、用之不竭的森林教育而言，核心的教育目标又是什么呢?

目标一：让儿童充分使用身体，获得积极肯定的自我印象

毋庸置疑，森林幼儿园孩子的日常运动量是普通幼儿园孩子的 3~5 倍。森林幼儿园里，儿童会有大量的户外活动，上坡下坡、爬山爬树、挖坑跳坑，在风里、雨里、雪里自由玩耍奔跑。森林教育给予孩子去使用自己身体的充分自由，而对于儿童来说，身体和运动能力是他们自我感知和自我评价的重要通道。

身体体验是人类“自我发展”的最初阶段，儿童首先是通过他的感官系统体验到自己的存在，继而通过体验自己的行为产生的效能，形成对自我的最初评价和自我印象。

目标二：让儿童充分体验与自然相处的快乐，激发儿童对自然的爱

人类天生喜欢大自然，然而现代生活令我们离大自然越来越远。当儿童来到自然之中，他们如同来到了最完美的游乐园。在森林里，孩子们可以闻到花草、树木、土地散发的清香，可以感受到清风拂面、阳光和煦，可以摸到树枝、石头和毛毛虫，可以尝到四季更迭中不同浆果的味道。这和孩子们从书本上读到、iPad 上看到所形成的印象完全不同——神奇大自然里，一切都是活生生的，松鼠从一棵树蹿到另一棵树，马陆在地上穿行……孩子们不仅在森林里获得了生命原始的快乐，更激发了他们探索世界的好奇心，以及对大自然深深的爱心。让儿童与自然深刻连接，是人类为促进环境可持续发展所播下的一颗最美丽的种子。

目标三：允许儿童自由探索，激发他们生命的内在驱动力

“2020 年第一场雪后，经过了一个周末的短暂分别，太阳山谷又迎来了禾溪森林童乐园的‘小精灵们’。玩雪、打雪仗、堆雪人、搭雪堡、在雪里‘游泳’……平日里 20 分钟就能走完的山路，今天孩子们连走带‘游’了 1 个多小时，还没到教室。在按照惯例的站晨圈活动中，老师和孩子们平等投票，决定今天早上的分享活动在哪里进行。出人意料的是，室内和室外这两个选项两次都是平票。于是这群孩子被分成两批，想在室外分享的就在室外赏着雪景吃加餐、开分享会；想在室内分享的就在教室里感受着温暖吃加餐、开分享会。”

这是北京禾溪森林童乐园极其普通的一天，也是孩子们在森林幼儿园学习、生活的真实写照。在这里，他们是自己行为的主人，在安全和不伤害、不影响他人的前提下，他们可以有充分的决定权，自由探索，自主决定。对自己的生命保有拥有感，会激发孩子内在的、更深刻的驱动力，因为他们会知道，他们是自己生命真正的主人。

目标四：培养儿童平和稳定的情绪，养成平等的生命观

森林教育让儿童学会尊重与关注自然环境，尊重一切有生命的事物。

在森林幼儿园里，孩子们见证四季变化，见证树叶绿了又黄，黄了又绿，见证树枝枯死，落叶腐化成泥巴，见证各种各样的植物发芽，以及许多昆虫的生命轮转。自然的博大和深深的接纳，令孩子们在潜移默化中形成了一份平静与从容。

正如禾溪森林童乐园一直强调的："幼儿教育，绝不应该只驻足于眼前的这个 2 岁、3 岁、4 岁、5 岁或 6 岁孩子的此时此刻，而是要看到此时此刻的需要对于他 / 她未来一生的意义是什么。幼儿教育不应该只停留在幼儿这一个阶段，而应该从这个孩子作为一个"人"发展和终生学习成长的高度来思考和看待。"

而森林教育，就是一种基于个人一生发展所需要的教育观。

关于森林幼儿园

源起和发展

森林幼儿园源起于丹麦。丹麦学前教育家艾拉·弗拉图（Ella Flautau）曾经也是一位全职妈妈，她每天带着自己两个学龄前的孩子（或偶尔和邻居的幼童一起同行）到森林去散步。大人们发现天天在户外活动的孩子要比一般的孩子**更乐于互动交流、身心平衡、较少生病，而且体能也相对来说更好。**于是，在 20 世纪 50 年代，这群幼儿的父母亲，联合起来成立了世界第一所森林幼儿园。

20 世纪 90 年代中期，森林幼儿园在德国得到了快速传播和发展，截至目前德国已有大约 2000 家森林幼儿园，森林教育体系也已成为德国幼儿教育享誉世界的重要特色。在亚洲，日本、韩国的森林幼儿园也在迅速发展中。2016 年“中德幼儿自然与森林教育高峰论坛”召开，这大大推进了森林幼儿园在中国的发展。

从森林幼儿园的起源我们便能发现，它既不来自华德福、蒙台梭利、瑞吉欧等教育体系，也并非源于其他诸如 STEAM 教学等著名的教学方法，它也不是和这些教育理念和流派并列的一种教育方式。森林幼儿园不是在实践某位知名教育学家的理念，而是从一位全职妈妈每天带子女到森林里去散步的经验中得到的灵感，源自实践经验。它源自一种在自然中的自然养育方式，它看重的是孩子作为“人”的自然发展，看重的是孩子与自然的连接，指向的是人和自然环境的可持续发展。如同大自然的博大，森林幼儿园具有更大的包容性，它可以跟华德福，可以跟蒙台梭利，可以跟其他的教育模式和教学方法相结合，但并不会给自己贴上某个流派的标签。

理念和类型

森林是对自然环境的描述，但是自然环境并不仅限于森林。“森林幼儿园”可以是一片森林、一座山谷、一座农场、一片海滩、一家动物园，只要以“自然”为幼童的成长之家，那这个园就有了森林教育的灵魂。通常，森林幼儿园采取的是 3~6 岁幼儿的混龄教学。由德国巴伐利亚州食品、农业和林业部编著，2013 年授权在中国出版的《森林教育指南》一书中描述，从运作形式的角度出发，可将森林幼儿园分为三个类型：

1. 纯粹的森林幼儿园。这类幼儿园没有固定的校园设施，出现雷雨 / 暴风雨 / 寒冷等极端气候条件时，他们的保护措施通常包括被改造的房车、森林工作者的车辆，或林中可以提供庇护的小屋。

2. 综合性的森林幼儿园。作为全日制幼儿园，这类园通常只有部分时间在森林里度过。比如上午在森林里，其他时间在幼儿园活动室中活动。

3. 有森林日的普通幼儿园。有一些传统幼儿园，它们会有固定的森林项目周或森林日，会按照一定的时间规律去森林开展活动。

森林幼儿园理论上的出发点追本溯源仍然是体验式教育。幼儿在真实的自然中会体验到，哪些东西是生活必须的，哪些是对他们有帮助的，而哪些可能会伤害到他们。幼儿在开放的、丰富的环境中，会自觉地运用到他们全部的感官，听、嗅、看、触摸、品尝，他们不停运动，不停尝试，不停探索。每一刻，都是真实的身体及心理体验，带领着他们去认识、理解、体会自己和周围的世界，以便于用最真的感觉去“体会理解”自己以及周围的世界。

环境对幼儿感知的刺激越多样化，他们大脑中形成的神经线连接就越多。森林幼儿园的孩子正是在玩乐中，实现了身体和心智的发展。

森林幼儿园的出现，正是基于对孩子的信任，以孩子为中心的人本主义，基于对“幼儿学习”的理解，基于自然教育、全人教育（不是传授知识，而是人格的全面培养）、整全教育（全部感官的调动）和可持续发展教育（既是培养孩子自己的可持续性发展能力，也是为了保护环境的可持续性发展）的理念。

现实和节奏

国家教育政策对于幼儿每个年龄阶段需要达到的基本能力要求是无论什么类型的幼儿园都不能忽视的。基于前文所述的理念，森林幼儿园可以通过孩子的自由玩耍活动和老师有准备的主题活动来实现幼儿各项能力的发展。这些主题活动不是按照单个领域来划分的，而是基于自然，源于孩子的生活，跟孩子的兴趣和情感联系生发出来的、整合的活动（这是禾溪森林童乐园的课程设计原则）。

《森林教育指南》中建议，森林幼儿园的课程应该贯彻连续性、可靠性、安全性的特征，并依据自然变化的节奏来给幼儿们带来导向作用。国外大部分森林幼儿园没有午休，没有晚餐，中午的餐食因为在林间食用，所以冷餐居多，有的幼儿园甚至是需要孩子自带餐食的，大多数森林幼儿园会安排孩子们在下午 15 点左右就离园。由于中国和其他国家在生活习惯、饮食习惯以及幼儿园对于家长的意义在文化认知上有所不同，因此，我们的森林幼儿园也必须面临和解决一些个性化的问题，比如餐食的安排、午休及放学时间等细节的设置。

禾溪森林童乐园，目前的一日节奏如下：

9:00–9:15 晨圈问候（歌谣律动、报数、今日告知）

9:15–11:30 在去往森林的路上或者森林中安排的自主玩耍以及依据孩子兴趣生发的主题课（10:15 加餐）

11:30–12:30 午餐 + 生活整理（中间设有故事、阅读、安静手工，以日常生活工作为主）

12:30–15:00 午休 + 下午加餐

15:00–16:30 主题活动 + 自由玩耍（可以根据天气状况由孩子选择室内或室外活动，活动主题由老师提前准备好）+ 总结（一日回顾 + 明天告知）

16:30–17:00 晚餐 + 生活整理

17:00 离园 + 再见歌

优势和思考

据研究人员多年跟踪调研发现，相比普通幼儿园的孩子，森林幼儿园的孩子在自信心、注意力、学习积极性、语言能力、交流能力、行为习惯、主动思考及身体素质方面更为突出。德国学者汉弗纳通过对8个联邦州的103名男女教师进行广泛的问卷调查后，发现在“动力”“耐力”“注意力”，以及“社会行为”和“课堂作业”方面，森林幼儿园的儿童比在普通幼儿园学习的儿童具有更大的优势，在“音乐领域”“认知领域”及“体能领域”等因素上的平均成绩，也比普通幼儿园的儿童有着略高一筹的发展趋势。（具体描述可查阅中国林业出版社出版的《森林教育指南》一书）

正如纪录片《极有可能成功》里那些充满担心的家长一样，许多中国家长一边对森林幼儿园充满好奇和向往，一边仍在担心“孩子的安全怎么保障”“能不能学到实实在在的东西”。通过思考下面两个问题，也许可以解决你的焦虑：关于孩子的成长，你最在乎的究竟是什么？孩子真正的学习模式是怎样的？

组织与引导

在开始谈具体活动的组织与引导之前，有必要再次强调一下森林幼儿园对于“儿童学习”的理解。它是整全的，是站在全人可持续发展的角度的。孩子的学习是孩子通过与其他人、与直接环境的互动来学习、发展和成长的。

孩子的好奇心是与生俱来的，对于我们所谓的“学习”而言，每一个孩子都是一个积极的个体。学习是全面的，随时随地都在发生的。它包括了知识、技能、行动、情感、感官体验、身体经验和思考。当孩子在观察和确认他们所处的环境时，对周围人的行为进行模仿时，这些对于他们都是非常重要的学习。不论是玩耍、运动、探索、完成不同的工作任务，抑或是表达自我、艺术活动，都是孩子学习的方式。

以上是禾溪对于“儿童学习”的理解，换句话说，孩子是发展者，是主动学习者。这些所谓的活动，对于孩子来说是自主游戏，对于老师而言是有体系的思路和准备。

以上理念的共识是我们看待和使用本套卡片书的前提。

森林教育活动的主题不是“我觉得孩子应该学什么，我想教给孩子什么”，而是“我发现孩子需要什么，我们这里有什么”。所有的教学活动都是基于当下的自然环境和资源，利用孩子自发的主题（在自然中的发现，在日常生活中的需要和发现），从而形成系统的教学主题，形成与自然的连接。

在组织与引导的过程中，有以下几点附件信息：

1. 活动本身一定要跟孩子的生活和环境相关，跟孩子的情感联系在一起。

这既是孩子是否会积极参与其中的前提，也是活动是否对于孩子的学习真正有意义的前提。

2. 孩子自身的好奇心、探索欲和探究心非常重要，老师有组织的活动只是孩子们学习的环境之一。

教师提前储备自然博物学、基础户外技能等方面的知识，对于教学准备来说是非常有必要的。组织自然活动时，可以参见约瑟夫的流水学习法，即唤醒热情——集中注意力——直接经验——分享启发四个步骤。

需要强调的是，在森林幼儿园中，尊重个别孩子的状态，不打扰孩子对于自己感兴趣事物的探索与专注，以及他们在自然中的自由玩耍和探索，这点很关键。尤其在混龄的教学中，由教师主导的主题活动对于那些不感兴趣或者年龄偏小的孩子而言，是学习环境中的一部分，是自主选择参与的状态。但我们要相信，孩子会在周围环境中自然地吸收他自己需要的部分。

3. 孩子的玩耍和学习是具有情境性的。

孩子玩耍和学习的情境性，是指孩子在玩耍和学习体验过程中的情绪体验，直接关系着他对于整个过程的吸收（包括感受、认知和理解）。因此，在活动中，老师需要非常关注每一个孩子的状态，并给予相应的支持。

4. 项目课程对于开展家园共育是一个非常好的契机。

无论是在活动项目的生发过程，还是活动过程中，让家长充分地参与进来，都既是促进亲子陪伴的有效途径，也是幼儿园传递给家长教育理念，跟家长在共同理念下陪伴孩子成长的良好契机。因此，要充分调动家长参与其中。

5. 森林幼儿园的课程具有连续性，不是分割断裂的。

幼儿阶段，孩子的学习方式本身是需要不断重复的。因此连续性和延续性，对于孩子的学习来说非常重要。另一方面，活动本身来源于孩子的生活，很多活动项目并不是短时间内或者一次性完成的，而是在教师有系统地计划和准备的前提下，在孩子们的日常生活中重复进行的，有的甚至会成为日常生活的一部分。因此，我们需要慢下来，不能急于求成，过于追求所谓的活动效果。

本卡片书中集中提供的活动项目，有对德国、北欧等地森林幼儿园经验的学习，有对日本自然幼儿园的考察，有来自太阳守望者在孩子冒险教育方面的沉淀，更多的是源自禾溪森林童乐园中的老师和孩子们在一起生活、学习中的体会与发现。本书仅提供森林教育活动方面的参考，对应到不同机构的具体项目的实施，还需要依据幼儿园的实际资源和理念而定。

在一片树林里，生活着大量的动植物与微生物，它们看起来各不相同，彼此之间却有着密切的联系。本活动旨在和孩子们外出寻找各种“生病”树木的过程中，感知植物与它周围环境的适应关系。

目的： 让孩子们亲近自然，爱上探究，从大树“生病”的角度感知自然生命之间的相互关系，关心尊重他人

适宜年龄： 3~6 岁

参与人数： 每小组不超过 5 人

准备工作

材料： 一片带虫瘿的树叶，放大镜 1 个 / 人

活动过程

■ 老师给孩子展示带虫瘿的叶子，用神秘的声音说，这是“大树爷爷”给我们写的一封“信”，并把“信”读给孩子们听：“孩子们，你们好！我是大树爷爷，最近我生病

了，因为有一些虫宝宝住进了我的叶子里面，你们看，我的叶子上长了一个又一个痘痘（展示带虫瘿的叶子），虫宝宝在里面长大，吸食我的营养。除了虫瘿这种病，我们大树还会生各种各样的病，请你们帮帮我们吧，谢谢你们！”

■ 和孩子们一起讨论“生病”的树可能是什么样的，不限于树叶，也可以是干枯的树枝、部分腐烂的树木等。

■ 老师将孩子们分成 3~5 人的小组，强调放大镜的正确使用方法（注意强调不要透过放大镜看太阳），给每组分发放大镜。

■ 每个小组开始去自然中寻找“生病”的树，探究它们“生病”的原因，可以闻闻气味，看看“伤口”的颜色，观察“伤口”的痕迹，对于已经掉落的部分，可以尝试动手解剖等，鼓励孩子们用多种方式进行观察。

■ 各小组在自己所研究的大树旁依次分享自己发现的“生病”的大树，其他人围绕该组大树的情况进行倾听，倾听完毕后，可以去该组的大树旁进行观察，大家可能会对大树为什么“生病”了有各种猜想。

■ 带领孩子们讨论：我们可以帮“生病”的大树做些什么？由老师来总结分享。

活动延伸

大树打点滴：在路边我们经常见到树上吊着一个“输液袋”，“输液管”一直连到了大树的身上，难道大树“生病”了也要打点滴吗？去了解“输液袋”装的是什么？为什么要给大树“输液”？

02 死了的树还活着

冬天，植物们准备过冬普遍生长缓慢，树叶都快落光了，光秃秃的树看起来好像已经“死了”，本活动中老师需和孩子们一起仔细观察，调动视觉和触觉，判断树是否还有生命，理解“看问题不能只看事物的表面”，让孩子在观察、操作中保持探索心。

目的： 让孩子在观察树木情况过程中保持好奇心，在感受树的生命力时内心充满欣喜，培养孩子初步的探究能力

适宜年龄： 5~6 岁

参与人数： 每小组不超过 8 人

活动过程

■ 由老师开展“我是一棵树”的热身游戏，老师来描述“树的一生”，孩子们表演。（我是一颗小小的种子，一只小鸟把我带到这片土地上，躺在软软的地上可舒服啦。春天到了，咔嚓，小种子的种皮破了，种子发芽了！温暖的阳光照在芽的身上，芽越长越高，长成了一棵小树苗，雨姑娘偶尔来陪我，雨水滴到我的身上，好痒呀好痒呀。风哥哥经常来看看我，在风中，我欢快地跳起了舞。一年又一年，我长成了一棵大树，枝繁叶茂，有些树开花了，有些树结果了，有些树上住了很多安家的小动物……）

■ 老师提问："有些树在这个过程中好像再也长不大了，它们可能死了，'死了的树'是什么样子呢？"请孩子们自由讨论，比如树的自然枯死、自然气候因素造成的死亡、动物造成树的死亡等。

■ 老师和孩子们去树林中寻找"死了的树"，孩子们可能会找到一些光秃秃的树、树枝断裂的树、生了虫害的树等。

■ 请孩子们给"死了的树"检查身体，去抱一抱树，听一听树的声音，摸一摸树干、枝条和树叶，仔细看一看树是不是"真死了"，尝试寻找树上的生命迹象。

■ 孩子们自由分享哪些"死了的树"还活着，老师接纳孩子们的各种分析，鼓励孩子们去探索，去大胆表达。孩子们可能会在"死了的树"上发现很多特别的"活着"的痕迹：有些光秃秃的树上有很多不显眼的芽 / 绿叶；有些腐烂的树干上生活着各种各样的生物，有些砍过的树枝周边生出新芽等。

■ 和孩子们一起尝试找到更多还活着的"死了的树"。

活动延伸

死了的树活了：记录活动中找到的"死了的树"，进行定点观察，观察树的新生，如果是早春时节，可以和孩子观察并比较先花后叶或者先叶后花这两种生长方式的树。

世上没有两片完全相同的树叶，每一片叶子都有它的特别之处，有一些闻起来很香，有一些摸起来很刺手，有一些形状像羽毛，有一些比手掌还要大。和小朋友一起去自然里寻找最特别的叶子，调动感官，发现叶子之间的不同之处。

目的： 让孩子运用多种感官观察叶子，感受多种多样的叶子，在探究中认识周围事物和现象

适宜年龄： 3~6 岁

参与人数： 每小组不超过 10 人

准备工作

材料： 各树种的叶子多片、布袋（有刺的叶子需提前去刺）

活动过程

■ 老师拿出一片叶子，折断，请孩子们闭上眼睛，将树叶放到他们的鼻子前面，请他

们闻一闻气味。所有孩子都闻过之后，老师将树叶收起来。孩子们睁开眼睛，分享自己闻到的气味。

■ 老师重新拿一片叶子，放进布袋里，孩子们不能看布袋里的东西，分别摸一摸布袋里的叶子，分享叶子的触感。

■ 老师拿出 6 片其他树种的叶子，放进布袋里，混合，倒到孩子们的面前，请大家找出刚刚接触的那一片叶子。找到后，请孩子们分享这片叶子的其他特点。

■ 老师发布任务，强调规则（以捡拾落叶为主），每个孩子去自由寻找三片自己认为最特别的叶子。

■ 孩子们围绕老师而坐，每个人将找到的三片树叶摆在自己面前，老师说出形容词，比如“最硬的”（结合触觉、视觉、嗅觉来选择形容词），由孩子选出手中最符合相应特征的叶子。

■ 所有人把树叶放在手心和周围小朋友的叶子比一比，大家选出一片“最光滑的叶子”，

■ 拥有“最光滑的叶子”的孩子起身依次给大家展示这片特别的叶子。

■ 接下来继续比较和分享“最圆的叶子”“最香的叶子”“被虫咬得最多的叶子”等，老师环顾观察，让每个孩子都有分享的机会。

活动延伸

活动中收集的叶子可以进行自然创作，如树叶书签、树叶名片、树叶拼贴画等，实现叶子的再创作。

和小朋友一起探讨“叶子为什么长得不一样？”“树叶为什么要长成这个样子？”

■ 摄影 / 河谷

春天是代表希望的季节，和孩子们一起欣赏花开的春天，除了用眼睛看，再加上一种特别的观察角度——用鼻子来观察。通过神奇的气味包寻找早春花，调动孩子们的兴趣，打开另一种观察自然的方式，发现早春花的另一种特点，感受春天的美好。

目的： 让孩子在寻找观察早春花的过程中感受春天之美，在自然中保持内心的愉悦

适宜年龄： 3~6 岁

参与人数： 每小组不超过 10 个人

准备工作

材料： 提前收集活动场地内的花朵（只采场地中现有数量较多的种类的花朵），手帕，防潮垫

活动过程

■ 老师用手帕将不同种类的花朵分别包起来，制作成神秘气味包。花的采摘时间不宜过早，时间久了气味容易发生变化，拿出其中一个气味包，放到孩子们的鼻子面前，请

他们依次闻一闻并描述闻到的气味。

■ 老师告知今天的活动范围和安全注意事项，孩子们在活动场地内自由寻找自己闻到的花，寻找期间还可以返回老师处来再闻闻气味包以加强记忆。根据孩子们寻找的状况，老师可以给出更多线索，比如花朵的颜色等特征，直到有孩子找到正确的花朵为止，游戏暂时结束，所有参与者回到老师处集合。

■ 老师打开神秘手帕，展示出花朵，大家一起围着找到的花，自由观察讨论。

■ 老师依次拿出其余的气味包继续进行游戏，并根据现场情况，可以请孩子们来准备放入手帕的花朵或者其他自然物，开展游戏。

■ 游戏一段时间后，老师铺上防潮垫，将手帕都打开，孩子们在手帕里选自己喜欢的花朵，别在衣服上或者头上，做一个美美的自然装扮。

■ 孩子们静静地躺在花树下或草地上，看花瓣落下，感受风和阳光，闻花的清香。

■ 老师慢慢唱着一些孩子们熟悉的跟春天有关的歌谣，孩子们可以跟老师一起唱，也可以静静享受，在歌声中，在自然中，感受春天的美好。

活动延伸

可以和孩子们收集当地比较丰富的可食用花种来制作美食。

05 种子球

孩子们学习制作种子球，用手将混合泥土捏成球的过程是疗愈身心的。种植种子球是让孩子们体验种植的极佳方式，而且乐趣无穷。种子球不仅能保护种子，还能为种子的萌发提供最初的营养基础。

目的： 让孩子感受土壤和小种子，在制作种子球中收获放松与愉悦

适宜年龄： 3~6 岁

参与人数： 每小组不超过 8 人

准备工作

材料： 营养土 2 份，黏土 5 份，种子 1 份，水 2 份，混合用的大盆 1 个，存储种子球的纸箱 1 个

活动过程

■ 老师和孩子围坐成一个圈，老师将营养土、黏土、种子和水放到圈内，展示给孩子们看。

■ 老师拿出今天需要用的种子，在每个孩子手心中放上一颗，引导孩子们观察要种植的种子，请孩子们看一看、摸一摸这颗种子，并向大家介绍今天要用到的这颗种子。

■ 每个孩子捏一小撮营养土，放在手心，慢慢地揉搓，并描述营养土摸起来的感觉，老师向大家介绍营养土后，孩子们将手中的营养土送回原位置。

■ 每个孩子捏一小撮黏土，并描述黏土摸起来的感觉，老师向大家介绍黏土后，孩子们将手中的黏土送回原位置。

■ 将大盆放在孩子们中间，请孩子将所有的营养土、黏土和水分别倒入大盆里。请孩子们依次用手搅拌大盆里的混合物，如果觉得松散，缓慢加入适量的水，用手继续混合直到形成黏土的手感。

■ 将种子倒入混合的泥土里，继续搅拌，使种子与泥土混合均匀。

■ 孩子们用双手捧出一把黏土混合物搓成圆球，如果土质干而散，无法捏成球，则酌量加水，若手感过于软则加适量的土。

■ 将捏好的种子球放在大纸箱中，待所有种子球都被捏好放入纸箱后，将纸箱放入阴凉的地方干燥 24~48 小时。

■ 把干燥好的种子球放入要种植的区域，老师和孩子们一起给种子球唱首熟悉的歌，祝愿种子健康长大。

活动延伸

可以尝试用不同种植方式来种植不同种子，以比较不同方式种植对种子生长的影响。

可以观察播种的种子球生芽情况，记录种子从萌芽到长大、开花、结果、收获的全过程。

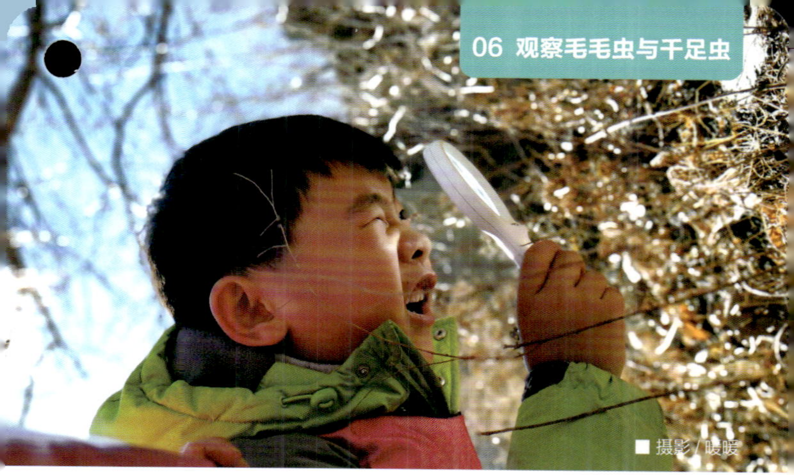

■ 摄影 / 暖暖

你见过什么样的毛毛虫？它们生活的环境是怎样的？孩子对毛毛虫的探究是一个既兴奋又有趣的过程，在探究过程中，要善于发现和保护孩子的好奇心，引导孩子通过观察、比较等方式来发现奇妙的微观世界。

目的： 帮助孩子了解毛毛虫外形特征和生活习性，亲近自然、关爱生命，在探究中认识周围的事物和现象

适宜年龄： 3~6 岁

参与人数： 每小组不超过 8 人

活动过程

■ 提出问题“毛毛虫喜欢待在哪里？”孩子们自由讨论分享：有些毛毛虫喜欢待在自己的“树叶餐厅”上吃东西，有些毛毛虫喜欢在地上爬来爬去，有些毛毛虫是“伪装高手”，待在树上一动不动，等等。

■ 寻找毛毛虫：孩子们自由寻找毛毛虫，老师强调寻找毛毛虫的规则：① 保护自己，有些毛毛虫是有毒的，在无法分辨毛毛虫是否有毒时，请不要用手去触摸；② 保护生命，毛毛虫很柔弱，用树枝等异物去拨弄时注意力度，否则很容易伤害毛毛虫。

■ 观察毛毛虫：找到毛毛虫后，孩子们化身“毛毛虫小侦探”，跟着毛毛虫去散步。可以看看毛毛虫会做一些什么事情，找找毛毛虫的“餐厅”“运动场”“卧室”“公园”等，这一过程充满了想象力，孩子们可以玩得很兴奋。

■ 孩子分享，老师总结。问题可以围绕这三个：① 你在哪里发现了毛毛虫？② 毛毛虫长什么样子？③ 毛毛虫在做什么？有条件的话，可以邀请其他小朋友一起去观察自己发现的毛毛虫。

■ 告别毛毛虫：把毛毛虫送回原来的家，跟今天发现的毛毛虫一一告别。

活动延伸

观察千足虫： 千足虫，学名马陆，比较常见。上述观察毛毛虫的活动过程同样适用于观察千足虫。千足虫活动范围大，孩子们可以跟着千足虫去散步，观察千足虫会去哪些地方，绘制千足虫的路线轨迹。

千足虫的体表本身无毒，但是身体的汁液有毒，因此要提醒孩子，不要触摸受伤的千足虫，更不要伤害千足虫。

观鸟，是一张走进大自然剧院的终身门票。学会观鸟，会使孩子在日常生活中更留心身边的鸟儿，给生活增添新的乐趣。对于孩子来说，认识鸟类是其次，更重要的目的是让他们感受自然之美，从而发自内心地尊重自然，敬畏自然。

目的：让孩子留心关注身边的小鸟，学会使用双筒望远镜，增强孩子与大自然的连接

适宜年龄：5~6 岁

参与人数：每组不超过 10 人

准备工作

材料：双筒望远镜 1 个 / 人，彩笔 1 支 / 人，用 A4 纸打印的鸟类彩色图片（具体的鸟种需要提前踩点确认）

活动过程

■ 老师和孩子们都选择一个自己最舒服的姿势，闭眼，安静聆听周围的声音。分享自己听到的声音，引出观鸟的行为。

■ 孩子们说一说自己见过的鸟，不需要说出名字，描述它的样子、见到的地点就可以。

■ 老师拿出双筒望远镜，介绍使用方法，它能够帮助我们更清晰地看到鸟类身上的细节。分发望远镜给每个孩子，帮助孩子调节好望远镜。

- 介绍观鸟的注意事项：保持安静，不打扰小鸟；和小鸟保持安全距离；不用望远镜看太阳；如果相距距离近，观鸟时也可以不用望远镜。
- 和孩子一起观察小鸟在做的事情，模仿小鸟的声音和走路姿势。结合现场情况，老师可以展示观察到的鸟的彩色图片，有助于孩子更好地了解小鸟。对于个别不感兴趣的孩子，可以适当引导孩子寻找与鸟有关的东西，羽毛、便便等，“诱惑”他们加入。
- 孩子们分享自己看到的小鸟故事。
- 分发彩笔，孩子们在树叶 / 其他自然物上给自己喜欢的小鸟写（画）一封“信”。

活动延伸

收集废弃材料，制作小鸟投食器。

附件信息

双筒望远镜的调节

调节眼罩：没戴眼镜的孩子可以旋起眼罩观鸟，视野更佳。

调节瞳距：用双手将望远镜举到眼前，对准远处一个目标，慢慢调节镜筒之间的间距（上下打开或合拢），直到所看到的图像合成一个圆。

调节焦距：观测前需要矫正两眼视差，闭上右眼，先转动中间调焦轮使左眼的视野清楚，接着闭上左眼，再慢慢转动右目镜视差轮使右眼视野清楚。

最后调节中间的调焦轮就可以对不同距离的目标进行观察。

08 观察蝴蝶

大自然中飞舞的蝴蝶很容易吸引孩子们的注意力，在不打扰蝴蝶的情况下近距离观察蝴蝶的习性，用多种形式了解蝴蝶的生命故事，与孩子一起去守护自然中的精灵。

目的：培养孩子保持专注的观察能力，了解蝴蝶奇妙的一生，亲近自然

适宜年龄：3~6 岁

参与人数：每小组不超过 8 人

准备工作

材料：绘本《诞生了！菜粉蝶》，电池式热熔胶枪

活动过程

■ 共读绘本：在活动场地选一片舒适的地方坐下来，老师给孩子们读绘本《诞生了！菜粉蝶》。

■ 表演游戏：老师可以用自己的语言给孩子们讲绘本的内容，孩子根据老师讲的内容即兴表演。最开始每个孩子都是一颗小小的菜粉蝶的卵（通过把身体蜷成一团来展示），

随着老师描述的进程，孩子们随之表演动作，直至每个孩子都变成了蝴蝶，最后表演完成蝴蝶的一生：卵——幼虫——蛹——蝴蝶。

■ 寻找 / 观察蝴蝶：老师带着所有的孩子到蝴蝶较多的活动场地去观察蝴蝶，告诉孩子要静静地蹲在花丛边上，等待蝴蝶的出现，孩子们可以自由选择想要等待的地方，安静地观察。

■ 蝴蝶的口器：可以引导孩子将汗水（如没有汗水可以用糖水）抹在手上，把手慢慢地伸向蝴蝶，当蝴蝶停留在手上吸食液体时，和孩子一起观察蝴蝶像“吸管”一样的口器，观赏蝴蝶的翅膀，蝴蝶平常都喜欢通过吸食汁液来获取水中溶解的矿物质。

■ 自然创作：老师和孩子在活动场地及周边收集各种颜色和形状的自然物，在地上拼出一只蝴蝶的形状。

活动延伸

养蚕：带着孩子一起制作蚕之家，采桑叶、喂蚕宝宝、清理蚕之家，观察从蚕卵生长到蚕不断长大、蜕皮、结茧，直到最后变成飞蛾的过程，感受生命的成长和蜕变。

观察蛾（制作诱蛾装置）：和孩子们一起动手制作一个引诱飞蛾的装置（在白布的后面装上灯），打开灯，将装置放一个晚上，第二天早上和孩子一起欣赏白布上覆着的各式各样的飞蛾，但一定注意不要伤害它们。

在灌木丛中、在窗外的树下，甚至在家中的空调室外机架上，发现一窝鸟蛋都是令人十分意外和惊喜的，和孩子们在不打扰鸟类的前提下，观察鸟类繁衍的过程，守护新生命的诞生。

目的：使孩子们感受鸟类哺育的辛苦，了解鸟类孵化哺育的过程，培养孩子对大自然和动植物的关爱之心

适宜年龄：3~6 岁

参与人数：每小组不超过 5 人

活动过程

- 发现鸟窝后，老师需要先跟孩子说明注意事项：

  ① 不能用手碰触鸟蛋和鸟窝，沾染人类的气息后，鸟妈妈可能会遗弃鸟宝宝们；

  ② 保持一定距离，静静观察，以免影响鸟类孵卵（下页图中孩子们观察的是饲养的鸽子，观察距离相对较近。如果是野鸟，一定要保持距离，如果距离远，可以使用望远镜观察）。注意如果在人流量大的地方观察，需要保持低调，以免引来太多人注意鸟窝。

■ 和孩子们观察鸟蛋的颜色，数一数鸟蛋的数量。

■ 如果能看见鸟爸爸和鸟妈妈，会发现它们长得有点不一样。和孩子一起观察、分辨鸟类的雌雄，比如大部分雄鸟比雌鸟颜色更鲜艳，和孩子一起探讨：为什么它们要长得不一样；我们身边还有哪些常见的鸟类，也是雌鸟和雄鸟长得不一样。

■ 告诉孩子们不同的鸟在繁衍中，鸟爸爸和鸟妈妈的分工也是不同的。有些鸟类是鸟爸爸和鸟妈妈轮流孵蛋；有些是妈妈主要孵蛋，爸爸负责守护；还有些鸟不会自己亲自孵蛋，它会把自己的蛋产在别的鸟的鸟窝里。观察眼前这个家庭的鸟爸爸和鸟妈妈是如何分工孵蛋的。

■ 待蛋孵出来之后，观察雏鸟的模样，有条件的可以记录雏鸟从出生到睁开眼睛需要用时多久，观察鸟爸爸或鸟妈妈是如何喂养雏鸟的。

■ 观察鸟窝的制作材料，去观察周围其他鸟窝是什么材料做的。孩子们分组合作制作一个鸟窝，鼓励孩子尝试不同的方法、不同的材料来制作鸟窝。

活动延伸

照顾小鸡：在孵化器内孵化鸡蛋，和小朋友一起观察由鸡蛋到小鸡的变化过程。

10 数声音

身处自然之中，我们经常会听到很多种声音。我们驻足停留，让自己和孩子完全沉浸其中，这不仅是一种享受，也会提升专注力。数声音可以作为一项单独的活动，也可以在需要孩子们集中注意力时进行。

目的：练习孩子的耳力，帮助他们感受自然中的声音，提高孩子的专注力

适宜年龄：3 岁以上

参与人数：每小组不超过 6 人

活动过程

■ 在经过一段森林漫步后，或者在自主玩耍后需要平静状态时，用有趣的方式吸引孩子聚在一起。

■ 让孩子们坐下，边说边示范动作：手肘弯曲，手指聚拢成拳，与肩同高，手心朝前。

■ 每听到一种新的声音，就让孩子伸出一根手指。

■ 建议孩子可以闭上眼睛听，闭上眼睛会令人更专注。

■ 可以视情况，让孩子挑战“能否听到 10 种不同的声音”。

■ 一起分享：

① 听到了几种声音?

② 哪种声音你最熟悉？

③ 哪种声音你从来没听过？你能猜猜这是什么发出的声音吗？

④ 你最喜欢哪种声音？为什么？

活动延伸

■ 每个人可以模仿自己刚刚听到的声音，来一首“森林交响乐”。

■ 每人拿一张标注有自己所在位置的纸（以☆记号标注），一支笔。听到声音后将声音的位置用简单的符号（重在听，而不在画）在纸上标记出来。听的同时，也增加了方位的感知。

■ 如果想进一步听清声音，可以做“狐狸耳朵”状（手掌弯曲，扣在耳后），便能通过更大的平面听到声音。手掌朝后，扣在耳朵前面，可以扩大脑袋后面发出的声音的音量。

■ 还可以延伸为帮助孩子区别好听的声音和噪音、建立规则的活动。用自然物作话筒，请孩子们分享：平时我们都会听到什么好听的声音和不好听的声音？我们的感受是什么？是否应该改变些什么？好听和不好听的声音分别出现在什么时间、什么地方，什么/谁发出来的？在家里/幼儿园是否应该发出好听的声音？是否需要有安静的时间和区域？达成一致，共同遵守。

参考资料：《共享自然》（[美]约瑟夫·克奈尔　著）

■ 摄影 / 柴鉴云

自然中，成群的鸟儿举办着欢快热闹的森林音乐会。带着孩子们，找一片山林，静静地坐着，倾听鸟鸣，和活泼可爱的小生命享受一段愉悦的自然时光。

目的： 引导孩子在聆听鸟鸣声中享受内心的平和，对小鸟保持喜爱和守护之心

适宜年龄： 4~6 岁

参与人数： 每小组不超过 5 人

准备工作

材料： 园艺剪刀 1 把

活动过程

■ 老师引导孩子采取一个自己舒服的姿势，躺着、坐着、站着都可以，闭眼聆听周围的鸟叫声，大约 2~3 分钟，具体时间根据孩子的现场状态决定。

■ 老师召唤孩子集合，坐成一个圈，引导孩子继续聆听鸟鸣。这次，当听到鸟鸣时，孩子们需要用食指指向声音的来源。

■ 在聆听一段时间后，孩子们对周围出现得比较频繁的几种鸟叫声已经熟悉了，此时老师可以和孩子们悄悄商量，选取其中一种鸟叫声，大家一起专注听它的叫声。老师和

孩子们把双手打开，轻声数秒数“1 秒、2 秒……”，每数 1 秒就放下一根手指头。计算一下，这个种类的小鸟两次叫声之间的间隔时间有多久，这个声音可以是同一只小鸟叫声的间隔，也可以是两只同类小鸟各自叫声的间隔。

■ 引导孩子们展开想象，说一说小鸟可能在说什么。

■ 老师带孩子们模仿听到的印象深刻的鸟叫声，孩子们能够基本熟练模仿后，集体对着被模仿小鸟的方向，尝试和小鸟“对话”。当听到小鸟叫一声，孩子们也齐声模仿叫一声，等待小鸟再次鸣叫时，孩子们再回应，仿佛在跟小鸟对话一样。

■ 和孩子一起制作鸟笛：用园艺剪刀剪下一截柳枝，将中间的木质部分拧出来，留下柳枝的皮，用剪刀将柳枝皮两端修剪整齐，鸟笛就做好了。每个孩子选取的柳枝粗细不同，发出的声音也会不同，吹着鸟笛，跟树林里的小鸟告别吧。

活动延伸

听声辨鸟：和孩子一起聆听并熟悉常见的鸟类叫声，老师播放一种声音，让孩子猜一猜这是什么鸟在叫，尝试去自然中找到这种鸟的叫声，常见并且容易模仿的鸟叫声有：山斑鸠“咕咕”、珠颈斑鸠“咕咕咕”、白鹡鸰“基拎，基拎”、喜鹊“喳喳”、灰胸竹鸡“地主婆、地主婆”等。

■ 摄影 / 黄骥

12 观察洞穴

有些动物的洞穴在高高的树上，有些动物的洞穴在深不可测的地底，不同动物的洞穴有什么不一样？和孩子们一起去寻找自然中的洞穴，发现洞穴的痕迹，想象居住在里面的精灵，在探索大自然奥秘的过程中亲近自然。

目的： 调动孩子的观察力，在寻找洞穴的过程中感受神秘和惊喜，能够发现自然中的各种洞穴，认识周围环境

适宜年龄： 3~6 岁

参与人数： 每小组不超过 5 人

活动过程

■ 老师和孩子们讨论树林的动物们都住在哪里。孩子们会提到很多地点，其中会提到洞穴。老师神秘地告诉孩子，有一些洞穴住着建设洞穴的主人，有一些洞穴被遗弃后，里面住了“租房子”的动物们，洞穴那么深，应该有很多神秘的动物吧！营造出氛围，孩子们兴奋地想象居住在洞穴里的居民们。

■ 和孩子们一起自由寻找动物的洞穴或者是疑似洞穴的痕迹，猜想洞穴现在的主人是谁，可以观察洞穴的样式或动物留下的痕迹，鼓励孩子们根据生活经验或绘本经验，尝试多种办法来大胆推测洞穴的主人。比如，观察蚂蚁搬运食物的路线，找到蚂蚁洞穴的入口，蚯蚓的洞穴口会堆着颗粒状的蚯蚓粪便；观察洞口的脚印；根据树洞里的食物或者毛发来判断等。

■ 在寻找过程中，孩子们自由分享自己发现的洞穴，有些洞穴虽然看着只有一个小口，里面却可能有很长的通道，可以把这个洞穴称为“迷宫”，有些鼓起来的可以称为“帐篷”，有些好看的洞穴可以称作“森林精灵的家”……孩子们会开心地想象自己所发现的洞穴中可能住了谁，鼓励孩子描述想象中的洞穴之家。

■ 很多洞穴我们在外部是看不到居住在里面的动物的，孩子们在活动即将结束时可以对着洞穴说一些悄悄话，告别洞穴里的动物们。

活动延伸

制作泥巴旅馆： 分组制作泥巴旅馆，邀请动物们来居住。确定小组想要制作的旅馆款式，选一个适合的地点，用和好的泥巴搭建旅馆，也可以收集自然物进行搭建、装饰或填充。

■ 摄影 / 黄骥

编制篱笆，为幼儿园搭建一个小菜园。平日跟孩子们一起动手耕作，跟孩子一起观察、见证植物的生长，了解食物的来源。篱笆的制作，是孩子们跟泥土、木棍一起玩耍的过程，也是日常生活劳作的一部分，孩子们可以在劳作中学习并练习简单的打结，锻炼手眼协调。

目的：引导孩子学习简易打结，学习铲子等工具的安全使用，为菜园建立起边界

适宜年龄：4~6 岁

参与人数：每小组不超过 8 人

准备工作

工具类材料：纽麻绳1卷，中号铁锹（柄长50厘米左右），大号铁锹（柄长120厘米左右），木锤，剪刀，卷尺。

其他材料：篱笆图纸，直径 2~3 厘米、长 100 厘米左右的树棍若干（树棍的数量依据菜地的面积大小来决定），急救包。

活动过程

■ 和孩子们一起讨论为什么需要篱笆，篱笆有什么作用，画一画篱笆是什么样的。

■ 和孩子们一起讨论并确认篱笆的施工图，用提问的方式启发孩子思考，制作篱笆需要用什么材料?

- 跟孩子们一起收集制作篱笆时需要用到的树枝 / 木棍。
- 给孩子们讲解篱笆制作流程：测量每根篱笆间的间隔距离——挖坑——树立栅栏——填土。
- 老师讲解与示范工具的使用方法，说明工作中需要注意的安全事项。
- 将孩子们按工种分成几个工作小组，比如挖坑组 / 锯木头组 / 测量组等。
- 请测量组的孩子们在老师带领下用卷尺测量菜地的四周长度，在过程中做栅栏标记。
- 请挖坑组的小朋友用中号铲子按照每个栅栏的标记，做铲土挖坑工作。
- 锯木头小组在量完树枝尺寸后，利用手锯把树枝切割成一段段篱笆栅栏，注意随时关注孩子们的状态，及时避开可能造成的风险。（参见活动 27－锯木头）
- 带领孩子们将一根根树枝栅栏栽进坑里，并用土填埋稳固。
- 讲授并演示单结打法（技巧口诀：“一只小白兔，两只耳朵，一只钻进洞洞里，拉一拉”），给每个孩子一段绳子练习打结。
- 由老师带领孩子们把各个树枝栅栏用绳子连接起来，注意绳子要捆绑结实，栅栏需要留出门的位置。
- 一起回顾篱笆制作过程中所遇到的问题：如何让栅栏稳固不倒？总结经验：我在篱笆制作时的工作是什么……我是如何操作的？反思在工作中需要调整改进的地方。鼓励小朋友自由发言。
- 整理场地，收拾物资，清理农具。

活动延伸

为篱笆做装饰，涂上漂亮的颜色。

和孩子们分享关于修建长城或三峡大坝的故事，认识生活中不同工程的作用。

附件信息

常见的栅栏形状：井字形，X 形，网状。

常见的栅栏材料：碳化木，树枝，绿网格，竹子。

单结：一种极有用的基本绳结，也是许多绳结的构成元素。打结方法：一根绳子，绳头压在绳尾上交叉形成一个 X 形，绳头从下面的圆圈钻过去，拉紧绳头绳尾为一个单结。打单结比较简单，适合孩子学习，但由于单结容易脱落，制作篱笆捆绑时需要多打几个单结。

■ 摄影 / 黄骥

14 开垦土地

为孩子们打开与食物连接的通道，让他们了解到食物是怎样一步步生长的。从拿起锄头去耕地开始，和孩子们一起亲近土地，体验劳作带来的乐趣，为播种做准备。在开垦的同时，用眼睛去发现生活在土壤中的生命，了解自然中生命的多样性，感知季节的更替变化。

目的： 让孩子体验农耕的快乐，学习如何开垦，锻炼孩子的力量和耐力

适宜年龄： 3~6 岁

参与人数： 每小组不超过 8 人

准备工作

工具类材料： 中号铁锹（柄长 50 厘米左右），大号铁锹（柄长 120 厘米左右），耙子，大柄锄头，水桶，手套，木锤；

其他材料： 急救包，土地场地需提前确认。

活动过程

■ 老师带领孩子们一起来到菜地里，并说明接下来开垦土地的安排，介绍工作流程：

清理杂草和树枝——铲挖土地——翻整——平整土地。

■ 由老师进行工具讲解，向孩子们明确安全须知，示范如何用铁锹、耙子类农具翻整平地。

■ 分小组发放工具及相关物资，开始进行开垦土地的第一步：清理土地。请孩子们戴上手套进行场地清理，拔除杂草，搬运树枝，捡拾垃圾。

■ 由各小组的小朋友到认领的区域开始进行翻地工作，老师先用大铲子和大锄头将土地挖出来，随后请孩子们用中号铲子再进行挖地，告知孩子们开垦的深度为 20 厘米，可给予各小组一根 20 厘米的树枝作为参考。在此过程中，老师要在各小组间进行指导。

■ 提醒孩子们，在翻挖土地的同时，要把翻出来的土块用木锤的锤头敲碎，直至土块变成松土。

■ 翻完地后，老师为每个小组分发水桶，并带领孩子们清理场地内的石头，将石头运至指定的堆积处。

■ 等待翻完全部土地和清捡石头完毕后，就可以带领小朋友用耙子将认领的土地耙平了。

■ 老师和孩子们一起回顾开垦土地的过程，分享在劳作时的发现，总结开垦土地应该注意什么。比如，翻地遇到土里的虫子应及时放回原处，不要伤害它。

带领孩子们进行今天最后的工作，整理环境，农具清理，清点并收拾物资。

活动延伸

在翻土的过程中可能会发现虫宝宝，老师可以提前找一些关于地里虫子的绘本分享给小朋友。

菜地清理出来的石头，可以和孩子们一起商量它们的用途，如制作菜地周边的小路，手工绘画等。

待菜地翻整后，根据蔬菜的种类打垄并播种。

附件信息

并不是所有的土地都可以进行种植，在前期考察场地时需要考虑到地形、水源、土壤及是否适宜开展幼儿活动等多方面因素，确认没有问题之后再进行开垦。

■ 摄影 / 面面

山谷里的果树伴随着孩子，共同经历四季的变化，是孩子们生活环境的一部分。跟孩子一起爬树摘果，一起整理码放，一起计数，一起带着果实去市场售卖，这个过程是孩子们运用自然赋予的果实，参与社会生活的重要部分。在这个过程中，孩子们慢慢建立“买”“卖”的概念，主动与人交往，介绍自己的商品，体验感知不同的职业。孩子在真实的体验中，既建立了内在的自信，获得了勇气，也丰富了语言表达和人际交往的能力。

目的：帮助孩子参与到“劳动”和“买卖”这样的社会生活中去，学习简单的计数法和简易的加减法，提高语言表达及人际交往的能力

适宜年龄：3~6 岁

参与人数：每小组不超过 8 人

准备工作

前期准备：售卖地点的确认，和孩子们开会讨论售卖时的分工，并制作售卖海报。在教室投放关于售卖的材料，让孩子们提前感受并模拟买卖过程；

材料：小篮子，整理箱，零钱，桌布，售卖海报，收款二维码图片。

活动过程

- 备货：跟孩子一起采摘果实，将水果放入整理箱里摆放整齐。
- 组织孩子一同前往售卖地点，注意售卖地点的安全性。
- 到达场地后，老师和孩子们先一起熟悉环境，告知安全注意事项（结伴原则，在老师的视线范围内），布置和装饰摊位。
- 按照前期共同讨论的工作分小组：守摊组，吆喝组，给各组孩子们发放篮子和零钱。
- 每个小组分别由老师带领讨论如何售卖，在了解售卖过程后，孩子们拎着山果篮子和老师一同寻找购买者。
- 老师亲身示范，适时给予孩子们鼓励，及时和孩子们沟通：卖出了多少山果、一共收了多少钱等，及时总结经验。
- 当全部售卖完时，整理场地剩余物资，所有人围成圆圈分享感受，统计今日售卖结果，并一起商量挣到的钱该如何分配，为每个付出劳动的参与者发工资。
- 活动结束，老师和孩子们带上物资一起返回幼儿园，并整理归位。

活动延伸

开设班级银行。

教室内的一角可以设置成商店，商品可以是孩子们平时的手工作品，将职业体验延续到平日的自主玩耍中。

附件信息

售卖山果看起来只是一次活动体验，但是前期需要做充足的准备工作：

老师在室内布置环境时需要加入模拟材料，带领孩子们熟悉售卖过程。

售卖场地的选择非常重要，既要保证孩子们的安全，又要有一定的人流量，让孩子们在真实的社会情境中收获非常好的售卖体验。

需要提前考虑备用场地。

16 观察蘑菇

■ 摄影 / 树先生

蘑菇，不仅有自己特有的生长环境和习性，而且种类丰富，因此是一个非常典型的野外自然观察对象。蘑菇是什么颜色的，在怎样的地方可以生长，是否可以用手直接去触摸，是否可食用，可以通过引导孩子们一步步地观察思考，帮助孩子们建立野外的安全意识，增强孩子们的观察和探究能力。

目的： 增强孩子对蘑菇的认识，培养孩子的观察力和探究能力，提高孩子野外安全意识

适宜年龄： 3~6 岁

参与人数： 每小组不超过 6 人

准备工作

材料： 放大镜，彩笔，画纸

活动过程

- 这个活动可能是老师提前踩点的发现，或者是根据孩子最近的餐食情况设计的跟蘑菇有关的主题，也可能是在森林远足中孩子们偶然的发现。
- 跟孩子明确安全注意事项：不能采摘，不能直接放进嘴里。
- 清晰告知孩子自由观察的安全范围，通常是在老师可见的视线范围内。如果环境相对开放，可以提前用绳子标记出范围。
- 在安全范围内自由寻找和观察，保证两人同行原则，年纪小一点的孩子最好有老师在身边陪同。看看能发现什么蘑菇，提醒孩子们观察：它是什么颜色的？什么形状？提醒孩子保护好蘑菇周围的环境。
- 集中分享在哪些位置找到了蘑菇，可以提供彩笔和纸，请孩子画出自己观察到的蘑菇，鼓励孩子们给自己找到的蘑菇起名字。
- 依次跟随孩子去不同的发现地观察。尽可能留意每一个发现蘑菇的孩子，总结时说出孩子的名字，会让孩子感受到被认可的喜悦。
- 请发现蘑菇的孩子先来描述他所观察到的特征，引导孩子们观察蘑菇是长在什么位置的？这个地方有什么特点？
- 老师为孩子们拍下蘑菇的照片，请孩子们回家和爸爸妈妈一起查询资料，也可以和父母探讨家里都吃过哪些蘑菇，分别是什么样子的。家园共育，同时也增强孩子与生活的连接。
- 汇总各个家庭的分享内容，鼓励孩子们一起分享发现。

活动延伸

可以带领孩子们在班级里制作野外安全警示牌，作为森林课的常备工具，简洁清晰地向孩子们传递安全规则。

没有办法到自然中观察蘑菇的幼儿园，可结合孩子们的生活需要，开展跟蘑菇相关的主题活动，一方面跟家园共育结合，另一方面可尝试跟孩子们一起研究如何在幼儿园培育蘑菇。

■ 摄影 / 柴鉴云

种子的形成是一种生命的延续。种子有不同的形态，引导孩子在自然中用眼睛去发现不同植物的种子，了解并观察记录下种子的生长过程，将它们收集起来，等待春天时播撒在土地里，像“花婆婆”那样，做一件让世界更美好的事情。

目的：帮助孩子认识不同植物的种子，观察种子的形态，将计数、分类、排列等数学概念渗透到自然活动中

适宜年龄：3~6 岁

参与人数：每小组不超过 8 人

准备工作

材料：放大镜，小篮子，纸袋，笔，收纳盒（盛放种子），绘本《花婆婆》

活动过程

- 一起阅读绘本《花婆婆》，引入收集种子的话题。
- 老师向孩子们提出问题：自然中的种子有哪些？小种子会藏在什么地方？孩子们自由发言分享。
- 老师分享关于种子的知识和故事，带着问题和孩子们一起用眼睛去发现藏在自然中的种子。
- 将孩子们分成小组，发放小篮子和放大镜，林间漫步，寻找各种各样的种子。
- 当找到小种子时，对种子及植物进行观察，让小朋友用手摸一摸触感，用鼻子闻一闻气味，看一看种子是什么形状及颜色，用放大镜仔细观察种子，将找到的种子收集在篮子里。
- 老师和孩子们共同在一块平坦的地方坐下来，用种子做分类、排列、自由拼图等游戏。
- 挑选饱满的种子，将不同的种子分别放入盒子中，并贴好相应的标签。
- 可以引导孩子用画画的方式，画出自己喜欢的种子。
- 整理环境，一起将工具归位。

活动延伸

老师可以和孩子们一起观看植物的纪录片，了解植物种子的传播方式和途径。

制作种子球，播种。

利用收集到的种子做创意手工。

附件信息

为了不破坏植物，在收集种子时须向孩子们告知，尽量捡取落在地上的小种子。在捡拾前应当提醒孩子们观察采集环境是否安全。

种子需要保存在阴凉干燥处。

18 锁孔菜园

锁孔菜园是将一层一层的有机物质堆积成马蹄状或者是高床，形成高于地面的厚土菜地，是朴门永续中的新式菜园形式。到了春天播种时节里，和孩子们一起把各种植物或者蔬菜依据生存习性的不同，种在锁孔菜园的不同位置中，可以让孩子看到蔬菜的生长，了解不同果实的由来及生长过程。多种植物和蔬菜的混种，可以创造小范围的生态环境，也让孩子更加清晰地感知和认识生态。

目的： 了解作物的生存习性和特点，学习锁孔菜园的种植方法，在探究中认识周围事物和现象

适宜年龄： 3~6 岁

参与人数： 每小组不超过 8 人

准备工作

老师和孩子们提前计划和确认播种的菜种和菜苗，小铲子，浇水壶，急救包

活动过程

- 和孩子们一起来到锁孔菜园里，认识锁孔菜园，并了解锁孔菜园与一般菜园的区别。
- 老师向孩子们讲解工具的使用方式，亲身示范，并告知安全原则。

- 介绍菜种和菜苗的种类，现场示范如何在锁孔菜园上种植。
- 分小组发放物资，孩子们戴上手套后走到每个锁孔菜地中，确认种植位置，用小铲子挖坑，把种子均匀播撒并盖土掩埋，把菜苗扎根种在土地里。
- 小朋友用浇水壶为种子和菜苗浇水，第一次浇水后等待水渗透到土中，再浇第二和第三次水，直至土壤全部湿润。
- 老师和孩子们一起回顾锁孔菜园的种菜过程，对实际种菜时遇到的问题进行总结，反思在锁孔菜园中，种植的位置对于不同蔬菜的生长会有哪些影响。
- 整理环境，清洁工具，归还物资。

活动延伸

对于播种后的蔬菜进行自然观察，并为菜苗进行及时的浇水和间苗（疏苗）。

老师和孩子们一起阅读关于蔬菜的绘本，创编锁孔菜园的蔬菜故事。

附件信息

锁孔菜园是一种土地规划方式，因其外形如同锁孔而得名。菜园半径 100 厘米左右，中间锁眼半径约 50 厘米，站在锁眼形状的中心，便能轻松照顾到所有植物。外圈种植多年生植物，内圈和走道旁种蔬菜等常采收的植物。搭配厚土种植法，可以少费力气多收获。锁孔菜园更加详细的种植和维护信息可参考由电子工业出版社出版的《户外教室》一书。

对于人类来说，孩子不就像是大地上刚刚新发的幼苗吗？播种的神奇之处，便在于能亲身体验新生命从无到有的诞生。孩子们泡在泥土里，认识蔬菜瓜果种子，体验劳动的乐趣，最重要的是过程中还伴随着他们对植物生长的探索观察，享受收获果实的快乐。

目的：引导孩子接触泥土，认识常见蔬菜种子，了解蔬菜种植大概过程

适宜年龄：3~6 岁

参与人数：每小组不超过 8 人

准备工作

材料：规划好的地块，小铲子 / 铁锹，蔬菜种子，便携应急包

活动过程

■ 提前准备。播种的地块一般需要提前 2~5 天充分浇水，再晾一晾，确保其在播种的时候土壤是潮湿的，但又不起泥。

■ 如果是提前培育好的厚土，则直接掏洞撒一些湿土播种即可。如果是自然土壤，那需要均匀地撒上有机肥料（如食草牛羊粪等），然后再用铁锹翻土，尽量翻至锹头的深度。

■ 划分种植池。根据地块大小和蔬菜种类，将土地划成若干小块，以泥土或木头做出块与块之间的垄界，预留行走的小径。

■ 标记种植点。老师确定株距，以小铲子轻轻挖出小坑标记种植点位（点种或行种均可）。和孩子们分享，不同的植物需要的生长空间也不同。如黄瓜、番茄、茄子、豆角等挂果类的蔬菜一般株距在 35~50 厘米，叶菜类则不讲究株距，因为它的种植密度本身较大，长势快。

■ 按照种植点挖穴下种。叶菜类上面覆土 6 毫米 ~1 厘米即可。黄瓜、番茄、辣椒、茄子等上面覆土 1 厘米左右即可，每穴须播 3 粒种子，保证其至少有 1 粒生芽。覆盖的土质须细碎一些。刚播完种子的区域，不用浇水，如担心土壤墒势流逝，可覆膜种植。

以上是直接在室外地块播种的过程，还有一种方法就是提前育苗，然后移栽。常见育苗方法有：先将蔬菜种子放到清水中泡 5~7 个小时，再将它们种到松软的苗床中，建议温度保持在 22~28℃，正常情况下 3~4 天后即可发芽。等幼苗长出 3~4 片真叶时，便可分株定植到提前准备好的土地区域中。

附件信息

常见蔬菜生长周期

小白菜 18 天，生菜 30 天，菠菜 30 天，胡萝卜 50 天，西葫芦 50 天，黄瓜 70 天，茄子 100 天，豆角 60~90 天，番茄 110 天，辣（甜）椒 90~120 天，南瓜 80~120 天。实际情况由于南北差异、气温、土壤特点等因素会有所增减。

20 搭支架

搭架是果蔬类植物养护的一种方法。无论是自然地块还是盆栽植物，对于高秧植物或蔓生强的植物，都需要搭架或者吊蔓。这样做的优点很多，既可以避免结果多时植株倒伏，也充分优化了植物的光合作用空间，减少病虫害，同时采摘果实也更方便。

目的： 让孩子感受到植物也需要帮手，培养生活经验，观察植物生长的全过程

适宜年龄： 3~6 岁

参与人数： 每小组不超过 8 人

准备工作

材料： 一片规划好的菜圃，小铲子 / 铁锹，细竹竿，直径 0.6 厘米的麻绳、吊蔓绳，便携应急包

活动过程

■ 支架规划。一般情况下，有些植物适合一株一株单独搭建支架，比如西红柿；有些则最好进行整片的规划，比如豇豆。我们针对植物生长的高度，来确定支架大小。计算

立杆需要多少，横杆怎么连接，什么样的结构既稳固又节省材料。不仅要考虑实用性，还要考虑到美观造型。

■ 立杆。细竹竿一头削尖，以方便插进土里。建议插进土里的位置要和植物根茎处保持 10 厘米以上的距离，以免伤及根须。是否要搭横杆把这些竖杆连起来，要以实际情况而定，如刮风较大的地方，适合连成整体，以增强抗风能力。由于植物种类和种植者的诉求不同，支架的样式也较多。

■ 捆扎。将植物和支架分段以细麻绳进行捆扎，这样就可以起到支持茎干和整形的作用。

■ 引导。有些植物的藤蔓并不会自动缠绕，需要定期做一些捆扎引导。

■ 除了以竹竿等木棍搭建支架，还可以用吊蔓的方式来形成爬藤架。吊蔓顾名思义，从高处垂下吊蔓绳，下面一头拴在植物茎干上，这样植物就能沿着吊绳向上生长。

活动延伸

在为植物搭支架的时候，经常也伴随着掐尖打杈。它的主要目的是调节作物植株体内营养物质的分配和传输，防止植物贪青徒长，有助于提高果实产量。

掐尖打杈的方法有多种，葫芦科植物（南瓜、西葫芦、冬瓜等）可摘去枝梢尖端，称为掐尖；西红柿茎干容易长出腋芽（腋芽是个形象叫法，指叶腋也就是叶柄基部处长出或潜伏着的芽），可以摘去腋芽，称为摘芽或打杈；在茄子的生长中，有时叶子过于茂盛反而影响挂果，需要摘叶。

■ 摄影 / 面面

身处于自然中的儿童在认识树木的同时，也需要去了解大自然的法则——优胜劣汰，森林中的树木有时也需要适当的生态疏伐，以保持生态平衡。孩子在生态疏伐中学习树木的砍伐技巧，会了解哪类树木可以成为疏伐对象，会对大树有更深入的认知。

目的： 引导孩子了解生态疏伐的作用，认识树的构造，学习疏伐树木的方法，在探究中认识周围事物和现象

适宜年龄： 4~6 岁

参与人数： 每小组不超过 8 人

准备工作

材料： 生态疏伐地点的提前选择与确认，手套，大手锯，小手锯，麻绳 1 卷，急救包

活动过程

■ 带领孩子们远足探寻至丛林，熟悉环境并清晰告知活动场地的安全范围。

■ 跟孩子们讲关于树木的生长故事，侧重两个方面：树要长高长壮需要充足的阳光雨露，所以需要去掉过于密集的小树 / 树枝；当一种植物在一个地方长得太多，会影响到其他植物的生长。

■ 请孩子们在划定的活动范围内，寻找一棵自己认为适合疏伐的树木。

■ 请小朋友逐一分享，聆听每个小朋友选择自己这棵树的原因。

■ 老师和孩子们分享适合疏伐的树种，一起商量确定需要疏伐的树木。

■ 老师将疏伐的树木砍下来，可以根据孩子的情况邀请孩子一同协助，亲眼见证树木倒下来对于孩子是一个很特别的场景。孩子通常在旁加油，配合的老师需要注意树木快要断裂时，请孩子们远离树倒下的方向。

■ 孩子们一起合力将树搬运到宽敞的地方。

■ 带领小朋友将树锯成小段（参照“活动 27- 锯木头”），把锯下来的树枝段堆放在一起，用麻绳捆起来。

■ 和孩子们围成一圈，请大家都看看自己的手，说说自己现在的心情，分享今天最开心的事情。

■ 依据无痕山林原则整理环境，收拾工具，一起合作把树枝段搬运到适合的区域，码放整齐。

活动延伸

探究、记录本土树木的种类和多样性。

利用疏伐下来的树枝进行手工创作，如制作“天使之眼”、自然相框等。

一起研究不同树木的树龄，即如何数大树的年轮。

附件信息

生态疏伐，是为了让森林中的树木和植物获得更好的生长环境，保持生态平衡。在疏伐前老师需要了解当地林业政策和法规，对场地的环境及安全性进行评估，提前整理与树木相关的资料，寻找适合的疏伐树木做出标记，在选择树木时可以先把干枯的树木作为疏伐的首要对象，禁止破坏森林中长势很好的树木。

22 收小麦、磨面粉

■ 摄影 / 面面

秋耕时和孩子们在田地里撒下小麦种子，在冬天里小麦苗经过寒冷和冰雪覆盖的考验，到了春天又经过春雨的滋润，快速生长起来。等再过三个月，当每个麦穗都饱满起来，就到了收获的季节。和孩子们一起收割小麦，把晒干的小麦用石碾磨成面粉，把食材变成餐桌上的美食，从播种到收获再到食用的过程，对于小朋友来说，是非常骄傲的，同时，这个过程也是观察植物的另一种形式。

目的： 引导孩子们体验收获小麦的过程，加强动手能力，品尝劳动的果实和收获喜悦感

适宜年龄： 3~6 岁

参与人数： 每小组不超过 8 人

准备工作

材料： 手套，镰刀，小剪刀，切纸机，塑料布，小簸箕，小木槌，玻璃瓶，小碾子

活动过程

■ 将孩子们带到麦地前，老师提出问题——“如何把小麦变成面粉”，由孩子们自由回答。

■ 听完孩子们的分享后，老师对小麦变成面粉的过程进行讲解，告知工作流程：收割小麦——剪麦穗头——晾晒麦穗——敲打收获麦粒——石碾磨小麦——获得面粉。

- 讲解工具的使用方法及安全事项说明。老师可以示范镰刀如何使用，但因为其尺寸不适合幼童使用且过于锋利，一般不能由小朋友操作。
- 老师把孩子们分成小组发放物资后，选择一块空旷的场地，铺上塑料布用来盛放小麦。
- 老师用镰刀把小麦割下，孩子们分组搬运小麦，整理小麦麦穗，用切纸机或剪刀切割麦穗头。
- 请孩子们将剪下的麦穗运到塑料布上，将麦秆堆放在指定区域，用扫把打扫一下现场环境。
- 老师和孩子们一起回顾收割小麦的过程，并做总结分享，请孩子们聊聊希望用收获的麦穗做什么?
- 收拾工具，把麦穗放在阳光下晾晒。
- 请孩子们一起合作：用布盖住晾晒一周的麦穗，用小木槌进行敲槌脱粒，并把空麦穗头捡出。
- 用小簸箕将麦粒和麦皮分离，把麦粒放进玻璃瓶保存。
- 把麦粒放进小碾子中碾碎，反复碾磨直至磨出细细的面粉，面粉存放于玻璃瓶中保存。

活动延伸

带领孩子们，用自己收获的面粉制作美食，如烤制披萨或面包，制作麦芽糖等。可以邀请家长们一起来参加丰收庆典。

和孩子们分享其他粮食作物的由来，了解小麦的进化史。

附件信息

小麦上的麦芒是很尖锐的，孩子们稚嫩的双手很加容易被扎破，所以在开始工作前，老师需要对如何拿取小麦做出说明：在工作前需要戴好手套，拿取小麦时双手握住麦秆部分，注意与小麦麦穗保持 20 厘米的距离，避免手部直接碰触麦芒。万一被扎到，也不用担心，三四天可自然恢复。

孩子们可用剪刀剪取麦穗头，切纸机可供老师切割麦穗头，可以提高剪切效率。将小麦一把把码放整齐，将麦穗放在切纸机上进行切割。使用时需注意：在切纸机工作运转时，请孩子们与其保持至少一臂距离，不运转时请将切纸机的刀对回圆孔处，并放置于安全处。

23 厨余堆肥

厨余垃圾是在生活垃圾中占比例很大的一部分，在幼儿园里老师通过带领孩子们学习如何利用厨余堆肥，不仅能够减少垃圾的排放量，还能将自然的馈赠经过发酵后，使其变成肥料回归土地，令土壤肥沃，让生活实现永续循环、绿色环保，让孩子们充分了解厨余变废为宝的过程。

目的： 了解垃圾分类，减少垃圾排放，了解如何堆肥，在探究中认识周围事物和现象

适宜年龄： 3~6 岁

参与人数： 每小组不超过 6 人

准备工作

材料： 厨余堆放地点的选择，厨余垃圾，手套，中号铲子，大号铲子，布袋，水桶，急救包

活动过程

■ 向孩子们提问一些问题：什么是肥料？肥料有什么作用呢？肥料是怎么来的？垃圾是如何变成肥料的？请孩子们自由回答。

■ 带领孩子们走到厨余堆放点，说明接下来的堆肥工作的安排：寻找堆肥材料——挖沟——制作“堆肥三明治”。

■ 老师讲解工具的使用方法及安全说明，分发工具，请孩子们戴上手套。

■ 分小组进行工作：一组小朋友用布袋寻找并收集干枯落叶，一组小朋友在确定堆肥点后用铲子挖沟（沟深约 10 厘米），另一组小朋友用水桶运土。

■ 向孩子们介绍“堆肥三明治”的主要成分和制作方法，一起开始制作“堆肥三明治”：在沟中，第一层放褐色落叶，第二层为土壤，第三层为厨余，第四层为土壤，如果还有剩余厨余可继续前面的步骤，每一层材料要铺均匀，直至厨余用完，但最上层的土壤厚度需要达到至少 5 厘米以上。

■ 带领孩子们一起回顾厨余堆肥过程，分享堆肥时有趣的发现，如虫卵、奇特的叶子等，总结在做“堆肥三明治”时所遇到的问题。

■ 整理环境，清洁并归还工具。

活动延伸

可以和孩子们在厨余堆肥上种植蔬菜瓜果。

带领孩子们学习认识生活中的其他垃圾及如何分类。

继续带领孩子们学习其他堆肥的方式，如蚯蚓堆肥、冷堆肥、热堆肥等方法。

和孩子们探究了解土壤中的元素。

蔬菜的茁壮生长需要保证充足的水分。如何给菜地浇水，提供充足的水分，也可以是跟孩子们一起讨论的课题。和孩子们一起利用身边的材料制作引水渠，是一次开动大脑的机会，同时也是在向孩子们展示一种态度：生活中会遇到很多的问题，而我们可以开动脑筋来想办法解决。

目的： 引水灌溉菜地，让孩子对水流有初步的认知，促进手部动作的灵活性、协调性
适宜年龄：4~6 岁
参与人数： 每小组不超过 6 人

准备工作

材料： 手套，竹子 10 段（每段长度为 1.5 米左右），画笔，纸，羊角锤，凿子，砍刀，中号铲子，橡胶水管 1 卷

活动过程

- 给菜园浇水的时候，引导孩子去发现：有的地方水管够不到，所以有的菜喝不到水，该怎么办呢？
- 给孩子们分享大禹治水的故事。
- 议一议，我有什么办法？也可以通过画画的方式呈现出来。

■ 请大家分享自己的“引水方案”，根据幼儿园的具体情况，制作出最终的引水渠设计方案。

■ 分小组发放手套，一起合作将所有的竹子搬运到施工场地。

■ 老师把所有竹子用砍刀劈成两半，请孩子帮忙为大家发竹片。砍竹子的时候，虽然孩子并没有亲手参与，但他们会从成人的行动中学习。

■ 允许孩子用竹片自主玩耍，孩子会在实验中发现竹子的竹节会挡住流水。

■ 老师示范如何安全地使用锤子和凿子把竹子中间的竹节打通。为孩子们分发锤子和凿子，协助孩子利用锤子和凿子的共同配合，完成这一工作。

■ 和孩子们一起讨论，并确认水渠的位置及走向，把每段竹子连接起来，摆放到菜地中。

■ 用水管连接水龙头，把出水口放到竹子引水渠的起始位置。

■ 打开水龙头，查看水渠走向，带领孩子们检查哪些位置需要调整，请大家搬运石头或者用铲子铲土，调整高低，解决竹子引水渠遇到的阻碍。

■ 请孩子们自由调整竹子引水渠，保证让水管流出的水最大限度地流进竹子中。孩子们会在乐此不疲的玩水中对水流的特点有更加清晰的感受和认识。

■ 整理环境，归还工具。

■ 离园的时候，可以请孩子邀请家长去欣赏自己亲手参与制作的引水渠，顺便给菜地浇浇水。

■ 回顾反思：① 大家一起解决了菜地蔬菜“喝水”问题，为大家共同的努力鼓掌；② 对于制作引水渠、自己参与制作的过程，以及伙伴之间的合作满意程度，用身体语言进行作答：蹲着表示不满意，需要改进；站着表示满意；站着举起双手表示非常满意。

活动延伸

可以为引水渠制作支撑柱。支撑柱的顶上，钉两个保持 3~4 厘米间距的小三角木块，构成一个 U 型，确保两个小木块可以根据竹水槽的走向进行旋转。

结合菜园和周围地势，想一想如何利用下雨时的地面流水来浇灌。

附件信息

竹节处很脆，打通起来很容易，但是需要把每个竹节都打干净，以减小水流阻力。

竹子多生长于南方，在制作引水渠时，老师可以选择当地常见的材料来做水渠，也可使用废旧的 PVC 管子或其他材料（可循环的自然材料最佳）代替。

■ 摄影 / 小红帽

身处于自然中的孩子们，在见证着果树开花凋谢，果实渐渐藏于枝头的情境时，能收获的最大的喜悦莫过于亲手摘下它们，品尝其中的滋味，分享给身边的人。

目的： 引导孩子体验采收的过程，品尝果实，传递并分享快乐

适宜年龄： 3~6 岁

参与人数： 每小组不超过 6 人

准备工作

材料： 采摘杆，篮子，储存箱，小推车，急救包

活动过程

■ 和孩子们一起来到果树林，认识果树并熟悉环境。

■ 向孩子们提出问题：果树上的哪种果实成熟了可以采摘？哪些还不能？孩子们自由发言，老师认真聆听，并与大家一起讨论。

■ 介绍果树成长的相关知识，采摘需要注意的问题，讲清果实采摘流程：采摘——运输——挑拣——整理——装箱——储存。

■ 老师讲解工具的使用及安全说明，并示范如何使用采摘杆摘下果实，给予孩子们机会去尝试使用采摘杆。爬树摘果是童年一大乐事，在保证安全的前提下，孩子可以爬树摘果。（参考“活动 58- 爬树活动”）

■ 分发物资，每小组的小朋友们经过商量后找到一棵果树进行采摘，遇到低矮的树，

老师可以鼓励孩子们爬树采摘。告知孩子们，在朴门农法里，每一棵果树都会留出一部分的果实不采摘，而是任由其他小动物或者鸟类来吃，或者任其腐烂在土壤里，变成肥料回馈大地。

- 把采摘后的果实装进篮子中，搬运到挑拣区域进行整理。整理时，将坏掉的果实单独放在一边，完好的果实一层一层地码放到储存箱，盖上树叶。
- 老师和孩子们共同品尝果实，聊一聊其中的滋味。一起回顾采收果实的过程，分享如何才能顺利采摘到果实的经验。
- 整理环境，收拾清洁工具，将果实箱运回教室或者条件适宜的地方进行储存。

活动延伸

采摘果实后，老师带领孩子们制作美食，如做果酱、晾晒果干等。

老师带领小朋友对果树进行后期维护，为果树修剪枝条，施肥，感谢果树的奉献。

同时，还可以参考“活动 15- 售卖山果”。

附件信息

由于不同果实的成熟季节和采摘方式会有所不同，因此老师可根据实际情况进行适当的调整。

■ 摄影 / 面面

26 丰收庆典

亲身参与农耕活动，感受田间劳作的过程，亲自动手参与播种、除草、灌溉、除虫等工作，等果蔬成熟，一起丰收，一起分享品尝，这对于孩子们而言，是喜悦感和成就感最直接、最深刻的来源。庆祝这一刻的丰收庆典，便可以作为极佳的家园共育活动。同时，庆典带来的仪式感，既可以为每个孩子、家长和老师带来喜悦的大家庭氛围，也可以增强孩子们对于劳作以及对食物的情感，让他们更加珍惜劳动成果。本活动主要是通过亲子运动会的形式来开展丰收庆典。

目的：帮助孩子们体验丰收的喜悦感和成就感，富有情感地感受对劳动的尊重和对食物的珍惜

适宜年龄：3 岁以上

参与人数：整个班级或园所的孩子及家长

准备工作

材料：提前准备好收获的果蔬，分好类且进行有层次感的摆放、布置

活动过程

■ 集体的打招呼和热身游戏。

■ 亲子运动会：考虑到亲子运动会是由孩子和家长来共同参与的，因此可以设置增强孩子与家长连接的项目，如人体传送带；家庭与家庭之间的项目可以设置投掷游戏；团队与团队之间的项目，可以设置小型足球赛。

■ 丰收的果蔬将作为运动会奖品闪亮登场。运动会本身以参与为重，不以竞技比赛为导向，因此在奖项设置上面，每个家庭都有参与奖。

■ 颁发奖品前，先介绍果蔬的品种，介绍大家的劳动付出，为每一位的付出鼓掌。

■ 根据运动会的项目，依次颁发参与奖（通常为数量充足的土豆、西红柿之类），和获胜奖（其他数量少的果蔬）。

■ 将比赛与奖品结合，重点在于所有人都因为自己在运动场上的付出和参与，在农耕中的参与和付出，而收获了沉甸甸的奖励果实。

■ 拿着沉甸甸的奖品合影留念。

■ 布置家庭任务：回家和家人一起烹饪带回去的食材，发图到班级群里，分享各家美食，以增强孩子在家庭生活中的参与度，以及分享收获带来的喜悦感。

活动延伸

可以让孩子分享各家食谱，让更多人领略到同一种美食的不同做法。

27 锯木头

与木头的接触，既是孩子与自然连接的一部分，也能促进孩子感官的发展。森林幼儿园中很多项目类的课程，尤其是工程建构类的项目课程都是跟木头分不开的。锯木头只是项目课程中的一部分工作，之所以单独作为活动列出，是因为锯木头本身是孩子在课程中非常喜欢、体验感特别好的一个活动。

目的： 让孩子对木头有初步的认知，增强孩子手眼协调的能力，提高孩子的意志力（孩子持久做一件事情的意愿）

适宜年龄： 3~6 岁

参与人数： 每小组不超过 3 人

准备工作

材料： 儿童用的小锯子，儿童手套，折叠手锯，成人用的手套，装手套的容器，装锯子的容器，急救包

活动过程

- 准备不同粗细、不同种类的木料。可以是孩子们在自然中收集的树枝 / 木棍，也可以是工程建构需要的木料。
- 让孩子们观察，看一看哪些是同一种木头？请大家抱一抱 / 拿一拿，看谁轻谁重？摸一摸树皮的感觉，是粗糙还是光滑？请大家根据高矮长短的指令，将木头按顺序排队，将数学的分类、排序等概念自然地渗透到活动中。
- 向孩子们展示适用于成人和儿童的两种手锯和手套。通常这时孩子都特别兴奋，要注意跟孩子保持距离，以免误伤。
- 示范如何安全使用锯子。使用锯子时，身体保持单膝跪地，支撑身体，让身体稳固。切勿蹲着，避免后面有人突然碰到，发生危险。
- 通常儿童在使用锯子时，建议拿锯子的手不戴手套，尽可能让手对于工具有握感，有利于掌控工具；另一只手，即用来扶木头的手则必须戴上手套，以免使用过程中锯子偏离方向，直接划伤手。
- 确认锯木头的姿势及其他安全事项后，分发锯子和手套。先发手套，戴好手套才能再领锯子。
- 孩子们找到自己想要锯的木头，老师要注意协调孩子之间至少保持一臂距离，避免孩子之间误伤。同时，尽可能根据对孩子力量的了解，巧妙地为孩子提供粗细合适的木头，帮助孩子尽可能体验到成功锯下一段木头的成就感。
- 根据项目的需要，归类整理孩子们锯下来的木头。
- 5 岁以上的孩子，视具体的情况，可在老师的协助下尝试使用成人手锯，会让大孩子深刻体验到被认可的感受，也会加深孩子的成就感。

活动延伸

对于 5 岁以上的孩子，也可以提供卷尺，了解刻度和长度。跟伙伴合作测量相同长度的木头，并锯出相同长度的木头。

年龄小一点的孩子，对于长度的认知，可通过跟自己身体四肢的长度对比来感受。

孩子们锯下来的木头可以作为制作天然积木的原材料，也可用来做手工。

在森林造纸活动中，锯木头并将每段木头上的树皮纤维撕下来是一个非常重要的环节。

28 小鸟之家

小鸟是孩子们在自然中最常见的朋友，我们在日常户外活动中常常可以听到小鸟的叫声（参考“活动 10– 数声音”和“活动 11– 鸟语欣赏”），此项活动中我们可以跟孩子一起讨论关于“小鸟住在哪里”等话题。在幼儿园室外的空间，跟孩子们一起设计、制作一个“小鸟之家”。如果有小鸟来筑巢，孩子们还有机会近距离观察到小鸟的蛋，以及“鸟宝宝”是如何一点一点长大，展翅高飞的。小鸟之家是幼儿项目制学习中比较容易操作的小型项目之一。

目的：引导孩子形成跟自然的情感连接，在活动中提高合作能力，对空间结构有初步的认知

适宜年龄：4 岁以上

参与人数：每小组不超过 6 人

准备工作

材料：根据设计好的“小鸟之家”尺寸准备相应的木料，钉子，小锤子，卷尺，锯子

活动过程

■ 问题提出

把此项目与自然观察活动相结合，跟孩子们商量一起在幼儿园中为小鸟建一个家。当孩子在情感方面有需要时，他们才会主动地参与和投入其中。这也是帮助孩子们在生活中养成通过自己的双手解决问题、创造生活的思维习惯的过程。

■ 制定方案

① 户外自由玩耍时，就地选择林间的树枝自主搭建简易版“小鸟之家”，或者跟

孩子一起通过绘画等方式，发挥想象，鼓励孩子用多元化的方式表达出自己想象中的“小鸟之家”。

② 鼓励孩子们回家跟爸爸妈妈一起查询、了解鸟儿的习性和鸟窝的结构等，回到幼儿园后一起分享。

③ 老师可提前准备一些图片或者模型作为参考。但是给孩子们展示图片的时机一定是在孩子们充分地表达之后，避免图片限制孩子的想象空间。

④ 跟孩子一起民主讨论，达成一致后确定“小鸟之家”的样式，以及什么地方适合放鸟窝。

■ 探究实践

① 跟孩子一起准备、收集所需要的木料。如果所在的林间可以找到合适的树枝，就地取材最好。带孩子们一边远足一边寻找树枝，合作把树枝锯好后抬到工作的地方（比如木工坊）。（参考“活动 27- 锯木头”）

② 用收集好的木料，组合拼搭，试验“小鸟之家”的结构，一起确定制作步骤。

③ 按照确定步骤，开始分工制作主结构，以及每一面“墙壁”。

④ 一起合作将“小鸟之家”组合起来，测试是否稳固，并检查是否有钉子外露等不安全因素。

⑤ 提供颜料和毛笔，一起美化上色（非必须）。

⑥ 讨论放置到什么位置小鸟容易来入住，也更方便孩子们观察。

■ 交流分享

最喜欢“小鸟之家”的哪一部分？“小鸟之家”跟自己最想要做的有什么不同？你最喜欢的是哪些工作？在做“小鸟之家”的过程中，你最欣赏自己的是什么？你最欣赏伙伴的是什么？如果再做一个的话，你还想对“小鸟之家”做什么美化或者改进？

活动延伸

项目中很多部分可以促进家园共育，比如在家里跟孩子一起讨论、查询鸟儿的习性和鸟窝的结构，一起绘制草图等，既可增加亲子间的互动，也增强了孩子的参与深度。

可邀请懂鸟的专业人士，为孩子们讲解鸟的故事，对“小鸟之家”做一些评估和参考意见。

也可以引导孩子们在日常生活中观察“小鸟之家”的变化。

29 打磨积木

■ 摄影 / 黄骥

由孩子们在幼儿园亲手打造一套积木，放在教室一角供孩子们使用，这样他们在使用积木时，会更加珍惜，玩耍时也会带着成就感，有利于加深孩子跟幼儿园之间的情感连接。打磨积木需要孩子静下心去投入工作，在培养孩子专注力和意志力方面是一项非常好的活动。这是小朋友木工课程中最基本的开始。

目的： 请孩子们为班级打造一套积木，促进孩子手部精细动作的发展，培养孩子的专注力

适宜年龄： 5~6 岁

参与人数： 每小组不超过 10 人

准备工作

材料： 打磨垫板，固定夹，砂纸，线锯，手套，围裙，粗木锉，细木锉，木板，铅笔，橡皮，木蜡油，刷子，口罩

活动过程

■ 跟孩子一起讨论“我为班里做积木”的创想，并请孩子自由发言。

■ 老师为每个小朋友发放材料：铅笔、橡皮、一块木板，请孩子们在木板上画出自己想象的积木图案。

■ 小朋友和老师共同分享所画积木图形。

■ 老师讲解工具的使用说明和安全须知，示范固定夹垫板的实际操作过程。

- 为每个小朋友发放手套、围裙、打磨垫板、固定夹，此时需要老师为每个孩子做固定积木板的指导，并一对一协助小朋友使用线锯切割木板。
- 所有小朋友切割完毕后，用固定夹和打磨垫板在桌子上重新固定积木，老师给予指导和帮助。
- 老师为孩子们发放口罩、粗木锉、细木锉和砂纸。戴好口罩后，先使用粗木锉对积木上粗糙的地方进行打磨，然后用细木锉磨平磨细，最后使用砂纸将积木的所有地方打磨光滑。
- 对积木进行刷木蜡油处理，积木的所有表面都需要刷油，刷完后放在阴凉的地方晾干。
- 老师和孩子们一起回顾积木打磨的过程，并做出总结和反思。
- 整理并清洁环境，收拾工具。

活动延伸

老师和孩子们从自然中捡拾木材制作大型积木。

为积木涂颜色。

附件信息

如有专业木工教室，最佳。打磨积木需要的是专业的木工工具，因此在准备材料时需要提前购买齐全。在孩子们进行打磨操作时老师需要一对一指导，因此参与活动的人数不适宜过多。在用线锯切割时可以让小朋友排队体验切割，过程中需要不断地调整木板的方向来操作。

■ 摄影 / 黄骥

■ 摄影 / 小现

朱自清在《匆匆》中写道："太阳他有脚啊，轻轻悄悄地挪移了。"太阳从东边升起，西边落下，他走啊走啊，对我们来说有什么变化呢？一起制作一个日晷，发现太阳的脚步是如何行进的吧！日晷利用太阳的投影方向，是计时的工具，也是太阳的脚步的"记录仪"。

目的：发展孩子动手能力，让他们对时间产生具象了解

适宜年龄：4~6 岁

参与人数：每小组不超过 8 人

准备工作

材料：木棍，绳子，图纸上的日晷，牙签（晷针）1 根，橡皮泥，画笔（以上材料人手一份）

活动过程

■ 在有阳光的空地上，和孩子玩踩影子的游戏，并提问："太阳有脚吗？它的脚步在地球上会有哪些变化呢？"

■ 请每个小朋友找到一块自己喜欢且"你自己和你的影子都可以被看到"的地方。

■ 用木棍在自己的位置上画一个圈圈，记录自己的位置。

■ 抬头看看太阳的位置，用手指向太阳，感受自己的动作。

■ 低头看看，此时的太阳照射下自己的影子，请其他伙伴帮忙用绳子比划出地上的影子。

■ 将准备好的日晷图纸记录，分发给小朋友。

■ 请孩子们尝试将牙签（晷针）垂直于低面，用橡皮泥固定在圆心上。

■ 请孩子们将太阳下牙签的影子用画笔描绘出来。

■ 接下来，可以请孩子们去寻找“太阳的脚步”，记录小朋友找到的“太阳的脚步”。

■ 请孩子们回到自己的圆圈上，看看天上的太阳，观察自己影子的位置、长度的变化。再次描绘日晷图纸上晷针的变化痕迹。

■ 请大家一起分享太阳和影子变化之间的关系。

活动延伸

探访博物馆寻找日晷，了解日晷的意义，以及了解古人还曾用过什么方式记录时间。

每天选取固定的时间观察日晷上太阳的投影方向，也可以在每个节气的上午 10 点集中观察，长期记录一年内太阳在同一时间投影方向的变化。

根据记录，在幼儿园制作一个日晷。

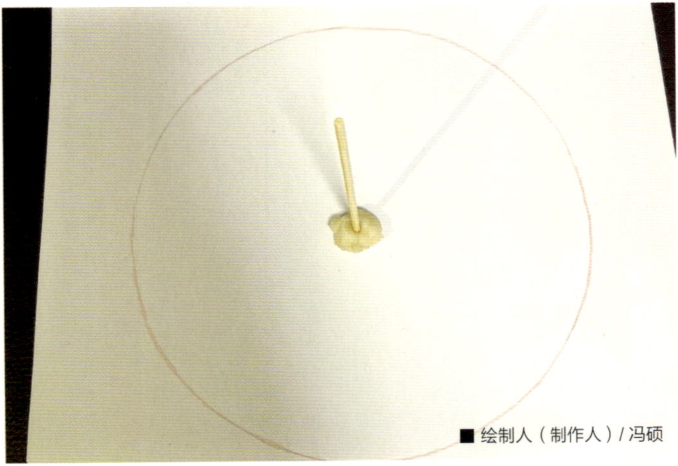

■ 绘制人（制作人）/ 冯硕

■ 摄影 / 小现

进入雨季，菜园的菜就进入了旺盛生长期，优质的土壤富含养分，能让土壤具备良好的透气性和排水性。了解菜园土壤的渗透性能，以及通过雨量计测量降雨量，能为菜园提供更清晰的帮助，有助于收获。此活动适合在春季耕种前完成。

目的： 激发孩子的好奇心和探索欲，体验中增加对土地的了解，增强动手能力，感知容量体积

适宜年龄： 5 岁以上

参与人数： 每小组不超过 5 人

准备工作

材料： 菜园中不同位置的土壤，体积相同的方形盒，漏斗若干，瓶子若干，剪刀，记号笔，量杯，水

活动过程

■ 请小朋友在未耕种的菜园上玩行走游戏（参照附件信息）。当孩子们距离分散时，喊“停”，找到自己的位置。

■ 请每人取菜园里一拳以下位置的土壤一块，将土壤均匀放入小盒之中，进行标记。

■ 将同等大小的土壤，放入不同的漏斗之中，漏斗下接瓶子。

■ 取同等量的水若干，倒入漏斗之中，等待一会儿，观察通过土壤渗透到瓶子之中的水量是否等量。

- 对观察表明水分渗透较弱的土地，选取林间腐殖质进行翻土，平衡土壤渗透。
- 制作雨量计。（参照附件信息 2）
- 使用时，请将雨量计瓶中的水倒出，放在空旷、没有遮挡的菜园附近。
- 根据雨量计收集的降水量，和土壤渗透情况，帮助不同的植物进行合理的浇水灌溉。

活动延伸

通过 PH 试纸了解土壤、雨水、饮用水的酸碱性。

利用身边的废旧材料，清洁后，自制雨水收集器。

雨后，在记录了雨量计的水位后，可以进行水循环实验，了解降水、液态、蒸发、气态等。

通过实验了解不同的蔬菜所需要的水分多少。

附件信息

行走游戏：唱歌一首，在歌声中，请孩子们在菜园走动，彼此不要触碰。

制作雨量计：用剪刀分离塑料瓶的瓶颈，将瓶颈倒扣在瓶身之中，将 100 毫升水倒入瓶中，用记号笔在水位 100 毫升处做标记，再倒入 100 毫升水，以此类推，标记 200 毫升、300 毫升、400 毫升等。

绘制人（制作人）/ 冯硕

庇护所的作用是在自然中作为临时遮蔽的地点或休息点，是野外求生中非常重要的技能之一。对于青少年而言，搭建庇护所是一个比较正式的工程类项目。但对于孩子来说，它更像是一个林间玩耍活动的主题，用身边的树棍、杂草等搭建一个庇护所，其实也是利用身边自然物进行自由创造的一项活动。它会帮助孩子们对所在环境有更清晰的认知，对空间结构逐步建立直观的感知。一起搭建的过程，对于孩子们的团队合作能力以及思考和解决问题的能力也有非常大的促进作用。

目的： 增强孩子对所处环境的认知，培养孩子动手操作的能力，对空间结构有初步的认知

适宜年龄： 3~6 岁

参与人数： 每小组不超过 8 人

准备工作

材料： 手锯，麻绳

活动过程

■ 情景引入（比如，据说明天要下雨了，万一明天我们远足时在路上找不到一个遮风避雨的地方……），让孩子们在安全范围内，寻找自己觉得可以保护自己的地方。

■ 分享自己找到的地方，并鼓励孩子们描述。询问孩子，你觉得什么样的地方可以保护我们，提议一起搭建一个庇护所。

■ 提问分享：想在什么位置搭建庇护所，以及为什么想在这个位置搭建？提高孩子对环境的观察和认知。

■ 搭庇护所需要用什么材料呢？一起去寻找可以搭庇护所的材料。孩子们通常会找来粗细长短不一的木棍、树枝，可以询问孩子：长短粗细不同的材料分别适合用来做什么？

■ 对孩子们找到的材料进行分类，让孩子充分去尝试探索，一边行动一边商量庇护所的结构。对于孩子来说，单纯的思考或者画图纸是很难的。最好在行动中边实践边交流，协助孩子搭起骨架。

■ 如果遇到搭建工程中的坍塌等问题，及时跟孩子一起讨论原因以及思考该怎么办，行动方案商量得比较一致后，进一步分工，一部分孩子继续寻找收集木棍，一部分孩子负责用收集来的材料搭建。

搭建填充基本完成后，寻找可以装饰庇护所的自然物，一起美化庇护所。

共同为庇护所起一个名字。

活动延伸

自然条件允许的话，可以一起寻找发现自然中不同的天然避难所，如天然的山洞、空心的大树、凹坑等，进行更充分的探索。

花园是孩子们经常玩耍和游戏的地方，从搭建花园大门开始，由外到里直至将美带入花园，给予孩子们机会，引导他们学习如何在生活中创造美，如何照顾花园植物。

目的： 通过直接经验加深孩子对空间架构的认知，亲自动手制作花园拱门，建造美的生活环境

适宜年龄： 3~6 岁

参与人数： 每小组不超过 8 人

准备工作

材料： 松木（粗细均匀的树枝也可以）若干，麻绳一卷，小剪刀，白纸，蜡笔，中号铲子，大手锯，小锯子，手套，卷尺，铅笔

活动过程

■ 将绘本与孩子生活结合在一起，有助于激发出孩子生活中的创意。幼儿园的绘本架上可以增加跟花园相关的绘本，比如《小狐狸的花园》。

■ 开辟出一个属于自己的花园，激发大家制作花园拱门的热情，请大家通过绘画为自己的花园设计一个拱门。一起欣赏大家的画，每个人谈一谈自己的大门，对于年龄偏小的孩子，老师可以根据孩子的画来具体询问花园大门的色彩、形状等。

■ 和孩子一起讨论商量，为花园做个“门”吧。一起讨论出花园大门的具体形状及修建大门需要哪些准备工作。确定制作花园大门的工作流程：寻找合适的树枝——挖坑——测量尺寸——锯木头——打绳结——捆绑——树立大门——装饰

■ 动手实践

① 在林间寻找树枝，老师需要跟孩子们一起讨论收集树枝时需要注意的事情。将收集到的树枝运到花园前，可以按长短、种类、用途来分类。玩耍和工作中渗入数学概念，也可以促进孩子对不同树干的认知。

议一议：长的树枝放在哪里，短的树枝做大门的哪个部分，看看有没有被折弯的树枝，它们可以用来做什么。

② 量一量孩子的身高，量一量老师的身高，计划好门的高度。测量尺寸，也是在用身体感知长短刻度的过程。

③ 可参考“活动 27－锯木头”，跟孩子一起分组合作，用卷尺测量树枝后使用锯子锯开树枝，每段锯成 40 厘米左右。

④ 所有树枝锯好后，教授双套结（双套结方法口诀：一只米奇老鼠的耳朵，绳头在绳子上面为 A，另一只米奇老鼠的耳朵，绳头在绳子下面为 B，最后用 B 压住 A，则为双套结）。可以为小朋友每人发放一根绳子进行绳结学习。对于年龄较小的孩子来说会比较困难，可以安排其他工作。

⑤ 用双套结把一段段小木头连接做成梯子形状的开合门，老师在过程中应给予适当帮助，每个绳结都需要牢固。

⑥ 把可以弯曲的一根树枝，捆绑在大门两侧的柱子上作为大门的拱形骨架。

⑦ 门做好后，开始翻土挖坑。这是个体力活儿，也是玩土的游戏。孩子们通过合作一起把大门骨架插进深坑中掩埋稳固。这是一个非常需要合作的过程，孩子们对于团队的力量会有深刻的体验。

⑧ 寻找身边有趣的自然物，装饰花园拱门。

■ 一起分享：在花园旁边围成圈，老师提出问题，请孩子们用身体语言表达今天工作的感受，蹲着表示不满意；站着表示满意；站着举起双手表示非常满意。

■ 整理环境，归还工具。

活动延伸

日常生活中对大门的修缮。

34 狗窝 / 猫窝

给幼儿园的动物或者宠物安个家，可以加深孩子们和动物之间的情感连接，让孩子学会用自己的行动去关心、关爱动物，并在参与制作的过程中通过直接的体验，进行多元化的吸收。

目的：为动物建一个家，增进孩子与动物的情感，提高孩子解决问题的能力

适宜年龄：4~6 岁

参与人数：每小组不超过 8 人

准备工作

材料：大型积木或拇指粗的树枝，根据尺寸准备相应的木料，钉子，小锤子，卷尺，防水瓦，其他根据具体设计需求的材料

活动过程

■ 问题提出：通常这个项目的诞生是源自幼儿园有猫或者狗等小型动物；也可以为小朋友家中的宠物（结合家园共育）或朋友家的动物做一个家，在小朋友所在班级中开展这个项目。此项目在禾溪森林童乐园中是与经济课程和外出活动结合在一起开展的。

■ 制定方案：

① 了解小狗 / 小猫的个头儿。那么我们通过什么方式来测量呢？比如可以通过把孩

子们的身高和动物的大小进行比较来进行推算。如果小朋友家中定制狗窝 / 猫窝，那么组织班级同学去小朋友家做客欣赏，也是一件非常有意思的社会课堂实践活动。

② 组织孩子们通过大型积木或者林中的树棍自由搭建创造出自己想要设计的狗窝 / 猫窝。

③ 家园共育，请孩子们在家中和爸爸妈妈一起设计画出理想中的狗窝 / 猫窝的图纸。

④ 老师可提前准备一些图片或者模型以供参考。或者在家长群里面，跟家长一起讨论可行性。5 岁以上的孩子可以被邀请参与到前期的设计讨论中，确定建造图纸。

■ 探究实践：

① 一起准备所需要的木料，搬运木料也是孩子们特别喜欢的工作项目之一。

② 确定所需要木料的尺寸。教孩子们安全使用卷尺，认识刻度，引导孩子一起讨论有几种方式可以来测量长度。

③ 孩子们分组合作进行测量，标记出所需要的木料长度，并裁好木料。

④ 通过木料的搭建，让孩子们了解建筑中主干结构的重要性，合力固定好整个窝的骨架。

⑤ 可以再做流水实验，让孩子感受基于防水功能的考虑而设计出的屋顶结构。

⑥ 分组制作不同的墙面，待全部完成后组装钉成一个整体。

⑦ 细节部分设计的讨论、打磨、制作。

⑧ 提供颜料和毛笔，让孩子们一起美化上色，为狗窝 / 猫窝起一个名字。

⑨ 给孩子们一些时间在他们的作品里面穿梭玩耍。

⑩ 邀请家长一起将孩子们做的狗窝 / 猫窝搬运到幼儿园合适的位置。

■ 请孩子们一起分享：最喜欢狗窝 / 猫窝的什么地方？它跟自己最初设计的有什么不同？

■ 老师带领孩子们一起回顾整个制作过程：你最喜欢哪些工作？你最佩服自己在工作中的哪一点？你最佩服伙伴的一点是什么？如果再做一个狗窝 / 猫窝，你希望在哪个部分可以改进得更满意？

活动延伸

如果家长中有相关专业人士，可以邀请家长作为教练到园中来带领孩子们。这样既是家园共育的深入，也会让被邀请家长的孩子特别有成就感。

35 冰砖雪屋

雪是冬天里孩子们最喜欢的天然玩具。除了打雪仗，滚雪球，堆雪人，跟孩子们一起尽情地玩转冰雪，搭建一个别样的冰砖雪屋，也是非常棒的体验。这一项目既能让孩子深入地感受冰雪，也能让他们在动手操作的过程中对空间结构的建立有更直接的感受。

目的： 帮助孩子深入了解冰雪属性，学习和其他人协作，培养空间感知

适宜年龄： 3~6 岁

参与人数： 每小组不超过 8 人

准备工作

材料： 中小号整理箱（用于装雪）若干个，各种身边可以用来铲雪的工具，锯子，颜料

活动过程

- 情景引入：分享故事《爱斯基摩人的雪房子》，提问：孩子们想不想搭一个雪房子？
- 制定方案：

  ① 跟孩子一起用刚下的雪搭雪房子，会搭成什么样呢？刚下的雪很松软，难成型，孩子在尝试的过程中就能够感知到雪的状态。

  ② 引导孩子们讨论为什么现在的雪没有办法搭成雪房子。

  ③ 一起讨论雪房子需要什么样的雪才能搭建成功，怎样才能冻出冰砖。
- 探究实践：

  ① 与孩子一起使用能想到的各种办法：用铲子，用盆，用手……把雪收集到准备好的大箱子里。

  ② 请孩子站在整理箱上踩踏，把箱子里的雪压紧实，并引导孩子思考为什么要将雪压紧实。

③ 跟孩子一起商讨，堆满雪的箱子放在什么地方才能更快冻住？为什么？

④ 等待：需要根据不同位置的温度制定不同的等待时间，等待期间孩子们可以去观察触摸一下。在等待的过程中让孩子们学习观察，学会等待也是很重要的经历。

⑤ 等到初步感觉雪箱子已经冻结实，可以先尝试将一个箱子倒扣，再取走箱子，检验一下冰砖是否已经冻好。

⑥ 跟孩子们一起讨论需要多大的冰砖？尝试用锯子小心翼翼地将大冰砖切割成小冰砖。老师在示范后，可以邀请孩子依次在老师的协助下尝试切割。孩子在这个过程中对于切割的力道会有直接的感受。

⑦ 一起讨论建雪屋的具体地址，选址需考虑阳光是否直射（直射容易导致融化），地面下方是否有暖气管道等因素。

⑧ 一起搬冰砖。不要小看搬运，3 岁左右的孩子也特别喜欢搬运，此时需要注意参与者的手部力量是否能搬着冰砖行走不掉落？通过一次一次的尝试孩子们就会对搬冰砖这件事拿捏得越来越好。注意过程中对孩子的鼓励和协助，不要因为他们的失误而指责。如果小朋友之间出现指责，需要老师进行积极的引导。

⑨ 自由尝试，实验如何堆砌冰砖。年龄小一点的孩子喜欢把冰砖排列成一排，有的孩子喜欢搭冰砖积木。和孩子们一起讨论如何建一个更稳固的雪屋。

⑩ 合作传递，堆砌雪屋。

⑪ 准备一些喷壶，用植物颜料调试好，一起喷绘出自己梦想中的彩色雪屋。

■ 交流分享：

① 关于雪的特点，雪和冰的关系。

② 在什么样的环境和温度下，雪会变成冰？用多长时间雪才变成大冰砖？

③ 切冰砖时需要注意什么？

④ 搬冰砖时需要注意什么？为什么？

⑤ 雪屋建在什么地方合适？

⑥ 怎么样才能搭出牢固的冰房子？

⑦ 在搭建冰砖雪屋的过程中，你最喜欢做的事情是什么？最欣赏自己做的事情是什么？最欣赏伙伴的哪些做法？

活动延伸

可以请家长在家庭中跟孩子们做关于冰水的实验，拓展孩子对冰雪的了解。

考虑如何保护雪屋，以最大程度上尊重孩子的劳动成果。

根据各地的气候条件，可以搭建更加高大、造型独特、更具功能性的雪屋。

36 运输车

禾溪所在山谷的山泉水管道冬天会被冻住，所以厨房及日常用水需要从山腰水库运下来。孩子们日常洗手、用餐的时候都深有感受，水对我们非常重要。自然带来滋养，也带来挑战。生活用水问题，需要得到解决。班里很多孩子喜欢车，也想要有一个在山谷里可以玩耍的车，于是就有了运输车项目。幼儿园可以根据自身具体情况或者孩子的兴趣来确定项目及其中操作细节。

目的：引导孩子学会实现想法，在工作中学习团队协作，提升解决问题的能力

适宜年龄：4~6 岁

参与人数：每小组不超过 8 人

准备工作

材料：废旧小自行车（要求自行车的把手 + 前轮 + 坐凳部分是连接完好的），木料，直径 40~50 厘米的车轮 2 个，配件（通丝 1 根、螺母 12 个、垫片 12 片、扳手 2 把），钉子，小锤子，手锯，卷尺，铅笔，粗麻绳

活动过程

■ 问题提出：可以结合孩子的兴趣，比如对车的研究；也可从幼儿园里孩子们外出时的运输需要出发，提出问题需求。

■ 主题导入：

① 分享关于车的绘本，比如英文绘本《Freight Train》。

② 孩子们在安全范围内，自由玩轮胎。轮胎本身就是孩子们喜欢的玩具，可以给他们充分的探索和玩耍机会，这是孩子们了解轮胎属性最好的直接经验来源。

■ 制定方案：

① 请孩子跟家长一起绘制图纸，画出自己想象中的运输车草图，充分发挥家长的智慧，家园共育，孩子对于有家长参与设计的图纸会无比崇拜和珍惜。

② 召开图纸创意分享会，商讨确认方案，明确初步的制作步骤。幼儿园若没有擅长此类工作的老师，可邀请家长作为志愿老师带领孩子们商讨方案。

③ 商讨部分更适合 5 岁以上的孩子，但在混龄班级中，年龄小一点儿的孩子在配班老师照看安全的情况下，可以在这个氛围当中自由地吸收和感受，这也是一种潜移默化的影响。

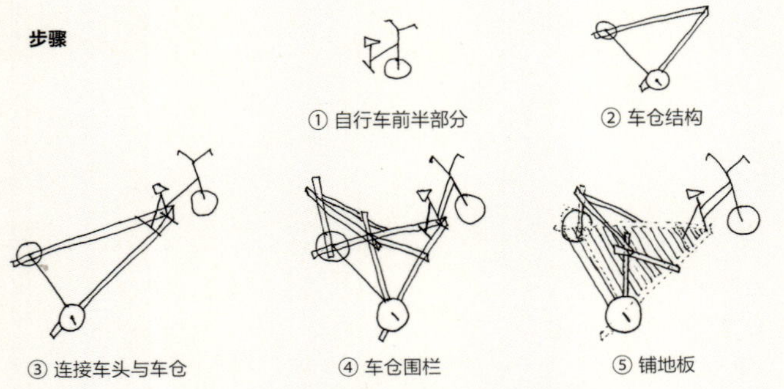

（图片为禾溪在项目中的草图，仅供参考）

活动过程

■ 探究实践（以下操作是禾溪实际操作中的步骤，仅提供思路上的参考，具体园所需要结合自己的设计方案来操作）：

① 老师带孩子（根据班级孩子的情况而定）到五金市场用班费选购一辆废旧自行车。（禾溪班费是孩子们通过经济课卖果子一起挣得的。去五金市场前需老师提前踩点，因为这也是社会外出活动的一部分。）

② 请电工师傅处理车身不需要的部分（山谷有电工师傅，邀请孩子们一起观看这个过程，这也是一个对社会职业取得直观了解的好机会），用通丝做好两个后轮的连接。

③ 跟孩子一起确定车舱尺寸，合作测量，锯出两根木头，钉好车舱三角形框架。

④ 将框架与自行车结构固定。注意：车座下的支点与三角形车底框架的固定非常重要，否则车舱容易下塌。这个部分涉及力学结构，要视孩子对知识掌握的具体情况来决定讨论的深度。一边讨论，一边试验。

⑤ 根据三角形框架，让孩子们拼贴木板，合作时需要标记长短，锯出相应的木料。（参考“活动 27- 锯木头”）

⑥ 锯出来的木料，可以供孩子们实验拼图使用。请孩子们用锤子按照三角形框架，依次将相应的木板钉在底板框架上。

⑦ 车舱底部做好后，孩子们便可以试车了。上一页图中车舱的护栏就是孩子们在试车的过程中觉得有护栏更安全，一起讨论后决定加上的。

⑧ 保证安全的情况下，孩子们在平坦的空地上试玩。

■ 请大家一起交流分享：

① 车用起来的感受如何?

② 自己参与了哪些部分的制作?

③（跟孩子一起回顾从买车到制作完成运输车的全过程）你最开心的一刻是在做什么事时?

④ 还记得我们是怎么把自行车和自己做的车舱固定在一起的吗?

⑤ 后来为什么要加上护栏?

⑥ 如何才能保证大家用车时的安全，商讨制定使用公约。

活动延伸

运输车具体的结构造型，根据老师的特长以及所在园所的资源，以及孩子们最后讨论的结果而定。车的规模可以从三轮，到四轮，甚至多节车厢。

在自然的林间读绘本，与真实环境相结合，能让孩子将直接的感官与绘本的内容联系在一起。在林间树下，阳光透过树叶洒在老师和孩子们的身上，徐徐微风吹在脸上，一群孩子和老师围坐在一起读书、讲故事，让人感受到一种浸入心田的美妙。这种美妙的情绪体验，帮助孩子将阅读与美好幸福感联系在一起。带孩子到自然场景之前，请记得提前准备一本绘本。

目的： 营造惬意舒适的阅读氛围，帮助孩子激发阅读兴趣，养成阅读习惯，掌握初步的阅读理解能力

适宜年龄： 2~6 岁

参与人数： 不限

准备工作

选择一本适合当下环境，或者近期孩子们所阅读的关于自然观察相关主题的绘本（比如《在森林里》）。

活动过程

■ 跟孩子一起漫步在林间或幼儿园附近自然环境较好的公园，给予孩子充分的自由探索、自由玩耍的时间。

■ 在某个特定时间节点，比如中途需要停下来吃加餐时，或者步行到开阔的场地时，可以邀请大家围坐在一起，分享绘本。选择的阅读地点一定是比较舒适的。

■ 也可以选择在孩子们自由玩耍的过程中，由老师自发地拿出书来自己阅读，通常有孩子看到后都会要求老师读，这是一种习惯的耳濡目染。

■ 也可以跟孩子们一起把阅读变成户外活动时的一个常规项目，老师书包里常备绘本。

活动延伸

根据场地和绘本的内容，可以演绎为森林里的即兴戏剧。

时间充裕的前提下，还可以在林间阅读后接着进行林间绘画，在开放的环境中，孩子们的感官全面打开，更能调动和激发联想力。

■ 摄影 / 黄骥

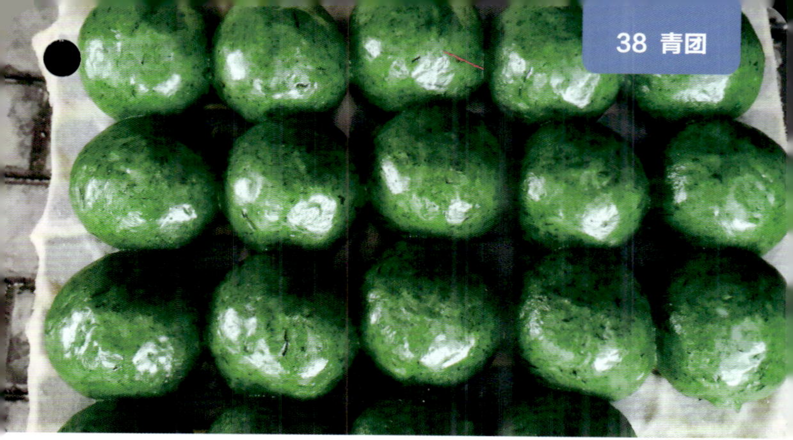

38 青团

“春天，要吃绿哦！”清明节前后，大地穿上了新衣，植物嫩嫩的新叶柔软细嫩，是制作食物的好材料。和孩子一起去自然之中收集所需的食材，再通过双手制作美食，感受自然的内在美好。

目的：孩子们在制作美食的过程中滋养感官，增强对春天的感知，喜欢上自然界与生活中美的事物

适宜年龄：3~6 岁

参与人数：每小组不超过 8 人

准备工作

材料：篮子，炉灶，锅，蒸屉，纱布，糯米粉，粘米粉，喜爱的馅料，清水

活动过程

■ 和孩子们一起漫步林中，玩一个“植物猜一猜”的游戏。“看一看，叶子像小手，手心是白色。摸一摸，手心有绒毛。闻一闻，味道很浓烈。尝一尝，感觉很清香。”寻找附近和这个匹配的植物。

■ 本活动以艾草为原料，制作青团。通过孩子们玩“植物猜一猜”的游戏，辨别出“艾草”。

■ 将收集到的艾草整理、清洁，在锅中焯水，2 分钟后取出。将艾草捣碎，用纱布过滤出汁。

■ 将艾草汁适量加入到糯米面（由糯米粉和粘米粉混合而成）中，和成面团，分成同等大小的小面团。将小面团用擀面杖擀平，放入适量的馅料包裹。

■ 水煮沸后，放入蒸屉，蒸 8~10 分钟。

■ 装点盛放食物的器皿（参见附件信息）。

■ 放凉后，与孩子们一起分享这来自春天的美味。

活动延伸

端午节时节，艾草可悬挂，干后燃烧，可以驱蚊虫。

艾草也是天然的染料，可以作为夏季草木染的材料。

捣碎的植物，也可以成为生活中的染料。

本活动可以和“挖野菜”的活动结合，品尝不同的“青”团味道。

附件信息

青团出锅后，可以用身边的可食用植物做点缀。

盛放青团所用的器皿，可以是瓷器或者是木质材料。

远足过程中，收集春天的花草进行餐桌布置。

39 采柳树芽

■ 摄影 / 三皮

森林幼儿园里大部分的课程都会以自然的四季变化为依据。身边的动植物是和孩子一起直观感知一年四季自然更替的重要信号。对于孩子而言，把季节跟“吃”联系在一起很重要，因为美好的回忆往往会带给孩子们对于事物更深刻的印象。在孩子们熟悉的《数九歌》中便有“五九六九沿河看柳”，柳树芽是春天的信使，柳树全身都是宝，跟孩子一起赏柳，摘柳树芽，自制美食，将自然与孩子们的生活紧密连接在一起。

目的： 帮助孩子认识柳树，了解柳树，建立跟春天的连接，提高生活动手能力

适宜年龄： 3~6 岁

参与人数： 每小组不超过 8 人

准备工作

材料： 篮子，刀，案板，调料

活动过程

■ 带孩子们一起远足，沿途放慢脚步，寻找柳树，观察柳树的色彩、形态、柳树芽等细节。

■ 老师先采摘一点嫩嫩的柳树芽，跟孩子们一起仔细观察，闭上眼睛闻闻味道。要告知孩子注意环境保护，采摘的时候爱护树木，尽量只摘嫩芽，不折树枝，摘得适量即可。

■ 清晰告知孩子们接下来的工作：摘柳芽——清理——分装，由孩子们自愿选择工作。

■ 分工合作，从树上采摘，将采摘下来的柳芽，清理掉混杂的树棍，分装进小篮子。特别高处的柳芽由老师来摘，或者是老师抱着小朋友摘。

■ 老师自然吟诵跟柳树相关的诗歌。比如，《小雅·采薇》篇中便有这样的名句："昔我往矣，杨柳依依。今我来思，雨雪霏霏。"还可以吟诵宋代志南的《绝句·古木阴中系短篷》中"沾衣欲湿杏花雨，吹面不寒杨柳风"，让孩子们在情景中感受诗歌中的柳树。

■ 一起提着采集好的柳树芽，欢快地护送它们到厨房。注意篮子的数量要根据孩子的人数而定，如果不够每人一个篮子的话，也要尽可能让每个孩子都有工作可做。

■ 浸泡，清洗干净柳树芽。烧开水，稍微焯一下嫩芽，去掉苦味。用可饮用的温水/凉白开过水。这时候可以请小朋友剥蒜，准备调料。

■ 准备好盆和调料，让孩子们来动手拌料。此时可以同步进行味觉游戏，品尝不同的调料的味道。

■ 在午餐中，一起分享自制的美食。

活动延伸

柳树芽也可以焯水后切碎，做成馅儿，包饺子。

在日常中观察柳树的变化。

当空中飘着柳絮的时候，可以跟孩子们分享关于柳树种子的知识与故事，延伸到植物种子的传播方式。

柳条可以用作在手工课中做编织的材料。

附件信息

柳芽可食用，也可泡茶，不过要在长出柳絮之前采摘。泡茶时要选用刚萌出的嫩芽晒干，然后同茶叶一起用开水冲泡。

路边的柳树长期与汽车尾气接触，往往铅含量严重超标，切勿采摘食用。

野菜，是自然之中非常宝贵的财富。除冬季外，春夏秋都有适合食用的野菜。这是了解身边植物的一个很好的机会。古人会在自然之中去寻找与探索，通过一次次实践，发现其中的奥秘。挖野菜，不仅仅是体力上的活动，也是孩子们去传承人类基本生活经验的一种方式。

目的： 帮助孩子认识常见野菜，观察和了解身边的自然资源

适宜年龄： 3~6 岁

参与人数： 每小组不超过 8 人

准备工作

材料： 篮子，蒲公英和野葱的样本以及图片

活动过程

■ 远足前，分发篮子。

■ 请孩子们闭上眼睛，将提前准备好的野菜（蒲公英、野葱）撕开一些，让味道更加清透，放在他们鼻子前，以此打开嗅觉感官。

■ 给每个人分发一部分野菜，让孩子闭眼触摸，感受野菜的部分形态。通过触觉，对野菜产生更深的了解。

- 睁开眼睛，请小朋友将手中的野菜尝试拼接归位。
- 分发图片，通过对比确认是否将野菜拼接到位，可作调整。
- 简单说明此野菜的特性，以及安全须知（如不可直接食用）。
- 远足途中寻找野菜，用铲子挖出。挖取过程中，须提醒所有孩子，不能食用，必须要带回去经过一些处理。
- 将野菜进行分类、整理，及时食用。

活动延伸

野菜不宜多食，要选取自然生态好的土地挖取，条件允许的情况下还可以事先做土壤渗透测量以及 PH 试纸测试，确保野菜的食用安全。

用野菜泡茶、凉拌，或者剁成馅包饺子、用面拌了蒸着吃，都很美味！

摘取的蒲公英可以作为草木染的原材料。

挖取的野菜，还可以通过拓印作为植物志留存。

通常情况下，孩子们用手采摘即可，也可以鼓励他们寻找身边的石头或木棍作为工具，注意使用安全。

附件信息

身边常见的野菜：野葱（野蒜）、荠菜、苦菜、灰灰菜、紫苏、马齿苋。

41 桑葚干

桑树全身都是宝。桑叶可以供蚕吃，桑葚更是小朋友的最爱。站在树下，摘一颗桑葚，放入嘴中，甜而微酸。桑葚不仅是果实，同样也有药用价值，它有抗氧化、降血糖的作用。桑葚可以晒干后保存，日后可以煮粥，泡水，酸酸甜甜好味道。通常，幼儿园附近如有桑葚，老师可以跟孩子们一起去辨别桑葚的成熟度，选择饱满成熟的桑葚，晒干，为之后的美食活动做准备。

目的： 了解更多桑葚的秘密，增强感官的记忆与辨识度，将自然与生活连接在一起

适宜年龄： 3~6 岁

参与人数： 每小组不超过 8 人

准备工作

材料： 夏日成熟的桑树，竹匾，小篮子

活动过程

- 首先选择生长环境良好的桑树。道路两边的桑树常年受汽车尾气污染，请勿采摘。公园内的桑树因为林业工作会不定期喷药防虫害，请勿采摘。
- 带孩子们来到桑树下，鼓励大家找找看，哪些是成熟的，哪些生长得很饱满。然后分区域采摘桑葚，剔除果穗中的枯叶干枝。

■ 挑出霉变、腐坏的果实，将不适宜食用的部分浅埋在树下。

■ 将桑葚清洗后，组织孩子们围坐在一起，猜一猜不同大小的桑葚的口感是如何的。通过亲自品尝，再验证一下成熟的桑葚是什么味道。还可以说一说桑葚和其他水果的不同特点。

■ 将收集好的成熟桑葚，平铺在竹匾之中。白天晾晒，晚上收回，经常翻面，保持通风透气，有条件的话，将竹匾放置在屋顶透风之处。

■ 晾晒过程中，及时筛选出掉落的果穗。请孩子们在每天的整理中，用触觉和视觉的观察来感受桑葚的变化，并鼓励孩子们用语言描述这一过程。

活动延伸

桑葚也可以熬制果酱。

从初夏开始和孩子一起寻找桑树旁的野蚕，每日摘取桑叶，为蚕宝宝更替桑叶，并观察蚕宝宝的成长过程。

42 洋槐花饼

五月的槐花，阵阵飘香。被风吹过时，仿佛还会发出“铃铃”的声音。槐花争相开放后，吃起来清甜嫩软，槐花饼入口甘甜，满嘴留香。跟孩子一起赏槐花，摘槐花，用槐花自制美食。这既是一种生活美学，也是跟孩子一起动手生活的过程。

目的： 引导孩子认识槐树和槐花，学习制作槐花饼，将自然与生活连接在一起

适宜年龄： 3~6 岁

参与人数： 每小组不超过 8 人

准备工作

材料： 长棍钩子（钩长数米，头部 U 形），篮子，平底锅，鸡蛋，面粉

活动过程

- 请孩子们躺在树下，闭上眼睛，听风吹过，引导孩子：“铃铃的响声，你听到了吗？是槐花姑娘们在唱歌，幸运的话，还会有槐花姑娘跳着舞，飞到我们身边。”
- 摘下一簇槐花，请孩子们分别品尝。品尝嫩槐花和成熟的槐花的口感差异，每个人来说一说槐花的味道。
- 勾取槐花的任务主要由老师来负责，小朋友就在树下用篮子接槐花。收集槐花后，将嫩花和成熟的花分开放。

■ 将嫩花放入盆中，打入适量鸡蛋，加入面粉和水。搅拌均匀，制成面糊。待锅热后倒油，油热后将面糊倒入。两面煎熟，即可食用。

■ 在初夏的槐花树下，阳光照在身上，品尝着自制的美味槐花饼，美不胜收。但请注意槐花性味苦寒，注意适量品尝即可。

活动延伸

槐花可以加冰糖熬制槐花酱。

槐花可以做入馅儿中，制作包子、饺子。

槐花可用清水漂洗后凉拌食用。

槐花晒干后，可以自制槐花茶。

取多簇槐花，悬挂于门前，会释放阵阵甜香。

附件信息

长棍钩子制作方法（可参考）：长棍一根，将其一端固定上钩子或者弯成U形的铁丝。（使用时注意安全）

可食用的槐花有国槐和刺槐，国槐的花是黄白色，刺槐的花是白色的。不可食用的有园艺观赏槐，花是粉色的，吃后轻则过敏，重则中毒。所有槐树的嫩芽不能吃。孕妇不能吃槐花。

43 五色糯米饭

五色糯米饭又称乌饭、青精饭或花米饭，是壮族、布依族的传统美食。每逢清明节或农历三月三、四月八、端午节等节日，就会制作这种传统风味小吃。五色糯米饭的色彩来源是糯米原本的白色，以及四种不同颜色植物汁水染成的黑色、红色、黄色、紫色，五彩缤纷，散发着浓郁的植物清香。五色糯米饭是招待客人的美食，也是祭祀先祖的供品，象征着五谷丰登的美好寓意。

目的：学习制作五色糯米饭，品尝传统美食，了解不同的少数民族文化，培养对食物的美感

适宜年龄：3~6 岁

参与人数：每个小组不超过 6 人

准备工作

材料：糯米 5 斤（糯米染色前不要清洗，需保持糯米的干燥），分成五等份；枫叶 1 把，染制黑色；红蓝草（红饭叶）1 把，染制红色；黄花（或者姜黄）1 把，染制黄色；红蓝草（紫饭叶）1 把，染制紫色；电磁炉 1 个，锅 1 口，铝盆若干，过滤网 / 漏勺，纱布 1 块，蒸笼 1 个，温度计 1 个

活动过程

■ 备料：五色糯米饭，一共五种颜色，红、黄、紫、黑、白，除了白色是糯米本身的

颜色外，另外需要准备四种植物染料。带孩子们认识糯米、四种植物染料和煮五色糯米饭时需要用到的炊具。

■ 浸泡枫叶：熬制黑色汁液所需要的时间最长，需要提前一天带领孩子们进行准备。将采摘下来的新鲜枫叶洗净切碎，在清水中浸泡 1 天 1 夜。

■ 熬制红色：将红蓝草（红饭叶）切段，放入水中煮开，沸腾 5 分钟左右，将汁液过滤出来，倒入铝盆中晾置。

■ 熬制紫色：紫饭叶和红饭叶外观相似，是同一品种，学名都叫红蓝草但叶状不同。紫饭叶叶片长，颜色稍深，叶片光滑；红饭叶叶片较圆，颜色浅，叶片有小绒毛，摸起来手感粗糙。可以让孩子们对比两种植物的区别。将紫饭叶以同样的工序烹煮，沸腾直至煮出紫色的汁液后，过滤倒入铝盆中。

■ 熬制黄色：将黄花（或者姜黄）以同样的工序烹煮，沸腾直至煮出黄色的汁液后，过滤倒入铝盆中。

■ 熬制黑色：将已浸泡一天一夜的枫叶渣捞出，过滤掉多余的水分，将枫叶渣以相同的工序烹煮，沸腾至煮出黑色的汁液后，将汁液过滤后倒在铝盆中晾置。为了煮出的黑色更加浓郁，可再重复一次以上的步骤。

■ 浸泡糯米：等熬制好的红、紫、黄、黑汁液温度降至 50℃时（可让小朋友拿温度计测量），将分成 5 等份的糯米分别倒入汁液中浸泡，多余的一份糯米倒入清水中，放置阴凉通风处。所有的糯米浸泡一夜，让糯米慢慢吸收植物染料。浸泡后可适当搅拌糯米，使其染色均匀。

■ 糯米控水：第二天，将浸泡好的糯米捞出，滤干水分，晾置 10~15 分钟。并在晾干的糯米上分别洒一些玉米油，拌匀，这样可以使蒸出后的糯米更加油亮润滑。

■ 蒸糯米饭：在蒸笼里铺上一块纱布，将五种不同颜色的糯米呈扇形依次铺在蒸笼里，注意让对比强烈的颜色交替搭配，这样煮出的糯米饭颜色会更加好看。盖上锅盖隔水蒸一个小时，中途可视情况加一次水，直至糯米完全蒸熟糯软。

■ 开锅品尝：经过几天准备和制作的糯米饭终于做好啦，揭开锅盖的那一瞬间，是个非常隆重的仪式，请孩子们围坐在餐桌前，将糯米饭锅端过去，如生日蛋糕一样摆放在餐桌的中间，再将锅盖徐徐掀开。

活动延伸

可以请孩子们发挥想象力，利用五种颜色，将糯米拼成各种不同的造型进行蒸煮。

44 果酱制作

六月，杏子挂在树上，像白天的星星，一闪一闪。杏子虽好吃但是不易保存，如果把它们制作成果酱，何尝不是另一番美味呢。 杏树春天开花，夏天结果，制作杏酱时，可以请孩子们一起回顾这春花夏果的过程。

目的： 引导孩子了解杏子这种水果的特点，保存果实，学习熬制杏酱

适宜年龄： 3~6 岁

参与人数： 每小组不超过 6 人

准备工作

材料： 冰糖，锅，玻璃瓶（提前沸水消毒），提前踩好点的、具备多汁果实的杏树林

活动过程

■ 请孩子们进入杏树林，闭上眼睛。唱《小星星》，再请小朋友睁开眼睛，观察哪些果实是已经成熟的。

■ 如果杏树比较矮，在老师们的看护下，孩子们可以爬树摘杏，但要避免几个孩子挤在同一根树干上。

■ 将摘好的杏进行清洗。孩子们可以每人尝 1~2 个。

■ 请孩子们用自己的方式，将杏离核，可提供小刀、擀面杖等工具。

■ 将杏和冰糖按照 1：2 的比例倒入锅中，火量调至小火，可以和小朋友一起唱着夏天的歌谣，一边轻轻地搅拌。

■ 将果酱熬制至浓稠状后，关火，放进玻璃瓶，拧紧，倒扣。

搭配自制的面包，更佳美味哦！

活动延伸

用小锤子敲开杏核，取出杏仁。根据杏的品种（须咨询果农或专业人士，部分杏仁不能食用）可凉拌食用，或者翻炒后食用，口感更佳。

杏核也可以玩数字游戏，请小朋友数一数，加一加。

感统游戏： 向自己头顶扔杏核，看看能接住几个呢?

附件信息

歌谣推荐：《夏天的歌》

晓风徐徐吹荷塘，送来荷花阵阵香。
我坐树下秋千上，听着蝉儿轻声唱。
几只小鸭游荷塘，花间蜂儿采蜜忙。
竹影亭边笛声悠扬，天也高云也长。

45 摘柿子、晾柿干

如果你站在深秋的柿子树下，可能会面临“啪嗒”一下的柿子“见面礼”。柿子不仅种类繁多，食用方法也很多。跟孩子一起摘柿子，是一个体力活，也是体验大自然馈赠的过程。

目的： 帮助孩子了解柿子，辨别熟透了的柿子，学习揽柿子，促进手眼协调和精细动作发展

适宜年龄： 4~6 岁

参与人数： 每小组不超过 8 人

准备工作

材料： 采摘器（具体制作方法见附件信息），篮子，削皮刀，线绳，刀子，竹编圆簸箕

活动过程

■ 和孩子们分享柿子树的故事：柿子树利用种子繁殖发生变异，必须经过嫁接才能保持其优良品种。一般我们常见到的柿子树都是通过嫁接得来，农民多数会选择在一种叫君迁子（小名叫黑枣或软枣）的树上对柿子树进行嫁接。

■ 观察柿子树，看看它的树皮，再瞧瞧它的叶子。有条件的话，可以选择不同种类的柿子树进行观察。

■ 收集若干掉落的柿子叶，铺进篮子中。秋天的柿子叶如画一样美，孩子们可以留下自己喜欢的柿子叶作纪念。

■ 老师带领各小组之间讨论分工，强调采摘器的使用方法以及安全规则。

年龄相对大一点的孩子通过合作，勾取到树上的柿子，小孩子可以收取码放。

■ 将柿子进行分类：软的——可吃；软硬适中的——存放；偏硬的——制作柿子干、柿饼；摔坏的——浅埋。

■ 将硬柿子削皮，用热水清洗，以防滋生细菌。

■ 选部分切片，平铺在竹编圆簸箕中，部分用线绳穿起，悬挂起来晾晒。

■ 晚上收回后放在干燥环境中，隔天捏一捏，直到皮干内软。

活动延伸

立秋时，可以摘取青柿子，清洗后碾碎，取汁液可做成柿漆。

附件信息

采摘器：一根四五米长的木棍子，一端安一个铁圈和铁钩，铁圈下面缝上布袋。让铁钩钩住紧连着果蒂的树枝，往前一推或者向后一拉，柿子便会落到布袋里。电商平台也有更先进的采摘神器出售。

■摄影 / 冷琴

■ 摄影 / 三皮

森林里藏着许多神奇的魔法，很多植物都可以变成乐器，演奏出不同的声音。春天来了，柳树发芽了，正是做柳笛的好时候。折下一根柳条，用嫩柳外皮制成的哨子在乡间的田埂上吹出如笛声一般的乐音，牧笛声声，是一幅非常欢快、惬意的乡村牧牛图景，这是传统中国曾经的乡间一幕。可见，柳笛也是一个乡村生活的符号。

目的：引导孩子学习制作柳笛，吹响柳笛直至发出声音，了解如何利用天然的材质制作乐器，激发对大自然的探究欲

适宜年龄：3~6 岁

参与人数：每小组不超过 5 人

准备工作

材料：柳树枝，儿童剪刀，急救包

活动过程

■ 选一根枝条表面光滑、皮质细嫩、无分叉的柳树条，铅笔粗细，结疤多、有虫眼的老枝不适合做柳笛。

■ 用剪刀将柳条一端剪一个小豁口，两只手分别握在树枝的上端和下端，反向用力，拧柳枝上的表皮，使表皮轻微转动，直至表皮与里面的枝干脱开。注意保持柳树表皮的

完整，不要有撕裂。

■ 将枝干从筒状表皮中轻轻往外抽出，直到枝干全部抽出来为止。

■ 用剪刀修剪柳条外皮的切口，将两头修剪平整，使切口呈光滑的圆形。

■ 在柳树皮的任意一端，距离切口端面大约 5 毫米处，沿着树皮环绕一圈，刮薄树皮，并将其捏扁至呈椭圆形，这便是柳笛的吹嘴。

■ 用力去吹柳笛的吹嘴，柳笛会随着气力的大小发出高低不同的“滴滴”声，此时柳笛就制作好啦。现在，带领孩子们开启一段森林音乐秀吧！

活动延伸

带着小朋友，用如上方法，做一些不同长度、不同粗细的柳笛。柳笛的长度和粗细决定着它会发出怎样的声音，可以请孩子们去尝试对比不同的柳笛发出的声音有什么不同，又有哪些规律？一般来说，粗壮的柳笛发出的声音比较低沉，细细长长的柳笛则相对清脆。挑选一根手臂那么长的柳条，用如上方法将树皮与枝干分离，用剪刀在柳树皮上剪几个圆形的小孔，吹时用手指分别按压不同的小孔，体验将如同吹竹萧一般。

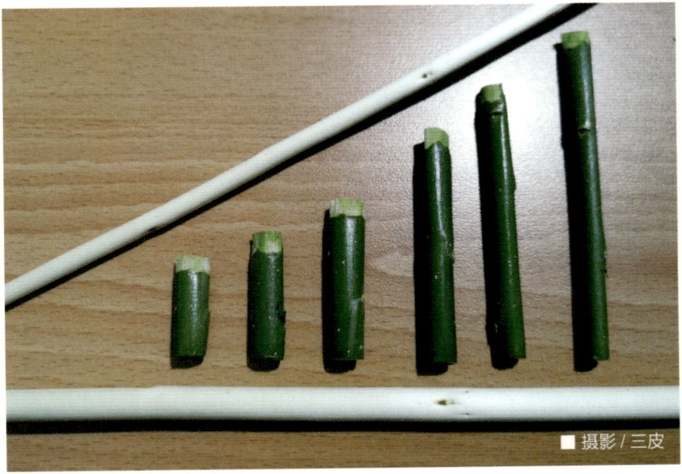

■ 摄影 / 三皮

当漫长的冬天过去，和暖轻盈的春天到来，迎春花、杏花、桃花、梨花、海棠花纷纷展露笑颜，无一不在告诉我们春天来了。相框是日常生活中很常见的物品，利用废弃的快递包装盒、树枝、野花来亲手制作一个春花相框，既是我们感受、迎接春天的仪式，也是一次向孩子们传递环保观念的手工课堂。

目的： 引导孩子学习制作春花相框，学习使用不同的手工工具，促进手部动作灵活协调

适宜年龄： 3~6 岁

参与人数： 每小组不超过 5 人

准备工作

材料： 儿童剪刀，快递包装盒，热熔胶及胶枪，缎带 / 毛线，双面胶，小篮子，家庭合影（每个孩子自备）

活动过程

■ 提前请每个小朋友从家里带来一张家庭合影和一个废弃的快递包装盒。

■ 带领孩子们在户外自由活动，请孩子们收集他们喜爱的花朵、树枝、草叶等自然物，装进自己的小篮子里，它们将是制作春花相框的装饰品。

■ 老师给大家展示我们日常使用的相框，讲解它的构造，给每个组的小朋友发一个相框进行研究。

■ 将快递纸盒拆开，剪成一个“回”字方框，“回”字里面的“口”的大小，请孩子们比照带来的家庭合影的尺寸，要求“口”字大小略小于照片尺寸即可。

■ 请孩子们自由选择用缎带或者毛线缠绕“回”字形相框，毛线可直接缠绕，缎带缠绕前，需要先在相框上粘贴双面胶。

■ 用热熔胶将树叶或花朵等自然物粘贴在相框上进行装饰。有的花朵摘下来以后很快会发蔫儿，所以请孩子们观察不同自然物的保鲜情况，挑选合适的材料进行装饰。

■ 将家庭合影的四个角粘上双面胶，使其固定在相框的背面，此时春花相框就制作好啦，请每个小朋友分享一下他制作的相框和他的家庭合影吧！

活动延伸

可在日常活动区域设置一个“材料回收站”，回收快递包装盒以及从蛋糕或者花束上拆下来的缎带，令小朋友形成生活中很多物品可变废为宝的环保印象，同时他们带来的材料在今后的学习生活中能够发挥作用也能增强他们的自豪感。

可在教室里布置一棵“家庭树”，待全部作品完成后，将所有小朋友的家庭合影都挂在“家庭树”上，请小朋友向大家介绍他的作品和家庭成员。

带领小朋友将剩余的树叶或者花朵夹进书本里，可用于下一次做标本或者书签等活动。

参考资料：《大自然是最好的课堂》（【韩】郑真姬　著，王佳　译）

48 落叶书签

“远村秋色如画，红树间疏黄”，每逢秋天，许许多多的树叶都换上了彩色的衣裳，五彩斑斓，美丽极了。一场秋风，就能令它们翩跹起舞，纷纷落入大地的怀抱，开始一场新的漫游。银杏金黄的“小扇子”如地毯般铺满大地，枫树的“小手掌”火红得如火如荼，通过捡起落叶，感知季节变换与四季美好，欣赏身边简单却美好的自然，也是落叶书签活动的一个初衷吧！

目的：鼓励孩子发现自然界中的美，学习制作落叶书签，鼓励孩子进行艺术活动

适宜年龄：3~6 岁

参与人数：每小组不超过 6 人

准备工作

材料：书签几枚，小篮子，硬卡纸（或者买衣服的吊牌纸卡），儿童剪刀，彩笔，打孔器，过塑机，麻绳 / 毛线 / 细缎带，双面胶，绳子

活动过程

■ 老师先不要给孩子们展示日常生活中的书签，可以先发散提问：大家猜猜书签是什么东西？都有什么东西可以当书签？等孩子们发散表达完后，老师先展示传统的书签，再讲解一下落叶书签的制作工序，并介绍挑选树叶的原则以及需要注意的安全事项。

■ 老师带领孩子们拿着小篮子自由捡拾自己喜欢的落叶，每种树叶可多收集几片备用。

■ 挑选落叶：一般来说，用来制作书签的树叶有三个挑选原则：一是大小适度，适合夹在书籍中；二是完好无缺，但仍然要尊重孩子自己的选择；三是表面平整，这有利于书签的制作和保存。

■ 清洗树叶：将捡来的叶子用水冲洗或放入水盆浸泡，清洗干净后控水，晾干或用纸巾擦干。

■ 压制树叶：用厚重的图书（如字典等）把树叶压平，使落叶中的水分快速蒸发。

■ 制作书签：挑选喜欢的树叶用双面胶贴在硬卡纸上，注意不超出硬卡纸的范围。完成后请小朋友在书签上写上自己的名字(不会写字的小朋友可以画一个自己的记号代替)。

■ 用过塑机过塑书签，并用打孔器在顶端打孔，系一根彩绳，一枚漂亮的树叶书签就做好啦，请每位小朋友都分享一下自己的书签吧！

活动延伸

把处理好的树叶剪成不同的形状，在剪好的树叶背面贴上双面胶，拼贴在硬卡纸上，组成一幅剪贴画，这便是剪贴画书签。

此前收集的干花或者采摘的花朵亦可制作成花草书签。

用同样的方法制作一本“落叶相册”，收集孩子们采集到的所有不同种类的树叶，并标注树叶的名称与采集的时间。这本“落叶相册”可以慢慢增加内容，每当有新的种类的落叶被发现，就可以搜集进来。

49 古法造纸

造纸术的发明，在极大程度上丰富了人类的精神生活。纸，在两千多年的悠悠岁月中，成为人们生活的必需品，承载了厚重的文化内涵。我们每天都会接触到各种各样的纸，图画纸、餐巾纸、包装纸……那么纸从哪里来？就让我们通过这一活动，追本溯源，从撕树皮开始，去一探究竟，见证从“树”到“纸”的全过程。

目的： 引导孩子学习用构树皮造纸，了解纸的来历，培养专注力，锻炼精细动作、力量和耐力

适宜年龄：4~6 岁

参与人数： 每小组不超过 4 人

准备工作

材料： 长 20 厘米左右的构树段若干，提前一周用石灰水浸泡过的构树纤维，塑料桶，方形整理箱，小木槌，双联造纸框，急救包

活动过程

■ 孩子们一定对造纸术充满了好奇，老师可以通过讲故事的方式，让他们了解造纸术的由来及纸的发展史。

■ 老师讲解造纸的工序，带领孩子们认识造纸工具，强调安全规则。

■ 撕树皮：给每人发放一根构树段，请孩子们将树皮与树芯之间的树皮纤维撕下来，放进塑料桶里浸泡（树皮纤维需要用石灰水浸泡一周左右才能用于造纸，孩子们本次撕下来的树皮纤维当天用不了，但仍然可以进行这个环节，以让他们体验造纸的全过程）。

■ 捣料：给每个孩子分发一团树皮纤维，注意树皮纤维是提前用石灰水浸泡过且用清水洗净的，向孩子们示范如何用小木槌对其进行敲打，并带领他们将树皮纤维捣至絮状。将捣好的絮状树皮纤维放入池子或方形整理箱里，并将其搅拌均匀。请孩子们再收集一些喜欢的花草树叶，并将其放入搅拌均匀的纸浆中。

■ 捞纸：带领孩子们用造纸框将纸浆从容器中捞起，注意使其均匀铺满整个造纸框。这个过程有些难度，需掌握一定技巧，可以鼓励孩子多试几次，直至均匀为止。
晾晒：将捞好的纸放到窗台上晾晒，我们做的是花草纸，有大自然的味道呢！

活动延伸

如果在园区内很难找到构树，可使用再生纸。即收集日常生活中的废旧纸张，提前浸泡一夜，然后以相同的工序进行捣料、捞纸、装饰、晾晒。晾晒完毕后，就是新鲜的再生纸。从废纸再利用的过程中，孩子们可以切身体会到一张纸从原料到成品的过程是何等不易，从而帮助孩子养成珍惜纸张的好习惯。

另外，可以带领孩子们展开关于纸的讨论：你认识生活中的哪些纸？纸都有哪些用途？

附件信息

什么是构树？

构树（学名：Broussonetia papyrifera）别名褚桃，为落叶乔木，在我国的温带、热带均有分布，不论平原、丘陵或山地都能生长。构树具有生长迅速、适应性强、分布广、易繁殖、轮伐期短的特点，是一种抗污染性很强的植物。

构树全身都是宝，构树叶的蛋白质含量高达 20%~30%，是猪、羊等家畜喜食的饲料；其韧皮纤维是造纸的原料；同时其种子、叶片、树皮、乳液均有很高的药用价值。成熟的构树果是橙红色的，中间有一个黑色的硬核，有点像杨梅，可食用。

50 植物拓印

■ 摄影 / 黄骥

自然界的植物拥有着最天然、美丽的色彩与形态，是世界上任何伟大设计师的作品都无法比拟的。在植物生长最茂盛的季节，进行一次植物拓印，将植物本身的颜色和形态保留下来，无论是印在门帘、手帕还是餐垫上，都是一次环保与美育兼具的手作体验，还能帮助小朋友认识许多不同的植物与颜色！

目的： 教会小朋友植物拓印的方法，培养专注力和对色彩的识别，锻炼手部的精细动作能力

适宜年龄： 3~6 岁

参与人数： 每小组不超过 5 人

准备工作

材料： 垫板或薄纸板，纯白棉布 / 麻布 / 裁好的手帕，小篮子，小木槌

活动过程

- 老师带领孩子们在大自然中自由地寻找、采摘他们喜爱的植物与花叶，放进小篮子里。
- 老师讲解与示范工具的使用方法，说明安全注意事项。
- 老师带领孩子们将花朵与树叶自由排列在垫板上。
- 老师带领孩子们轻轻将棉布 / 手帕平整地盖在垫板之上，用小木槌轻轻按压或敲打。
- 耐心等待植物在棉布 / 麻布 / 手帕上充分染色，将手帕晾干。
- 在树与树之间拉一根绳子，将作品依次悬挂，带领孩子们进行一次作品展览。

活动延伸

如果条件允许，最好在户外进行活动，孩子们可以接触到丰富的植物与色彩。

如果没有小木槌，可以让孩子们捡来拳头大小、圆润光滑的石头替代，此举可以增加他们对不同自然物的了解。

作品展览很重要：将作品全部悬挂起来，请每个小朋友向大家介绍自己的作品，也一起欣赏其他小朋友的作品，培养孩子对“作品”的珍重感。还可以带领小朋友将拓印好的棉布缝制成小包、餐垫、门帘等，将孩子们在植物拓印课上的作品用于幼儿园的环境布置与生活中，会令他们对幼儿园产生更强的归属感与自豪感。

■ 摄影 / 黄骥

■ 摄影 / 黄骥

草木染是指使用天然的植物染料给纺织品上色的方法，这项工艺在我国有着非常悠久的历史。据史料记载，从周朝时起，人们就开始从花果的根、茎、叶、皮中提取染液了。古文中的“青青子衿”“绿兮衣兮”等颜色，都来自天然植物。草木中自有沉静安详的气质，而草木染不但颜色淡雅质朴、经久耐看，而且还有淡淡的植物清香。

目的： 引导孩子学习草木染技艺，用草木染制作一条围巾 / 手帕，认识可以作为染料的植物，加强色彩识别的能力

适宜年龄： 4~6 岁

参与人数： 每小组不超过 6 人

准备工作

材料： 不锈钢锅，筷子，塑料水桶，过滤网，洋葱，纯白棉布，清水，皮筋（夹子），塑料手套

活动过程

■ 先和孩子们一同进行发散式思维并分享：你最喜欢什么颜色？这个颜色的东西都有哪些？最后，再向孩子们讲解草木染的知识、制作工序，以及安全事项。

■ 收集材料：此次活动中我们用洋葱皮染色。洋葱皮是一种很好的染色材料，可以请孩子们在家里收集一些废弃的紫洋葱皮（洋葱最外层的鳞片），将洋葱皮用清水洗净、晾干。

■ 熬汁：将洋葱皮置于不锈钢锅中，加入清水后煎煮熬汁，水沸后 30 分钟左右染剂便形成。根据需要染布的量，可多萃取几次后，调和在一起使用。

■ 绑扎：带领小朋友将各自的纯白棉布，用皮筋或夹子绑扎起来，绑扎的形式可以灵活自由一些，需要注意的是一定要将棉布绑紧才能形成图案。

■ 染色：将纯白棉布用清水浸泡，加温煮 10 分钟，拧干后放入洋葱皮熬成的染料中煮染，煮染至染液沸腾后 30 分钟左右捞出。

■ 晾干：煮染好之后，将棉布放入清水清洗，加点食盐用于固色，然后拧干晾晒。

■ 作品展示：将所有小朋友的作品依次在绳子上晾起来，进行作品展览，请每位小朋友分别介绍自己的作品。

活动延伸

带领孩子们尝试媒染，对比加了媒染剂之后的棉布与此前正常染色的棉布在颜色上有什么差别。

媒染方法：媒染前期步骤与普通染色方法相同。取出白棉布，拧干后进行约半小时媒染。

媒染剂：适量的明矾、石灰加水均可制成媒染剂。经媒染的白棉布再放入原染料中染色半小时，加点食盐用于固色。煮染之后，取出棉布，清水洗净、晾干即可。

除了棉布，带领孩子们尝试染不同的纺织物，麻布、丝织品、毛线等，对比不同纺织物的上色情况。

附件信息

传统的染色技艺主要是从纯天然材料中提取色彩，材料主要分为三大类：矿物、动物、植物，其中以植物染料占比最高。《唐六典》有言：“凡染大抵以草木而成，有以花叶，有以茎实，有以根皮，出有方土，采以时月。”

传统的植物染料，将青、黄、赤、白、黑称之为五色，通过将五种基本色混合后，生成其他更丰富细腻的颜色。东汉记载了 39 种色彩名称，清代有记载的色彩名称共计 704 种。

常见植物染料有：茜草、红花、栀子、姜黄、靛蓝、乌桕等，经由媒染、拼色和套染等不同的染色技术，可生成千百种不同的色彩。

52 泥塑面具

每个小孩子对于玩泥巴的热情都是与生俱来的。泥巴是大地母亲送给孩子们的一种天然玩具，取之不尽，用之不竭。如果没有家长干扰，你会发现任何一个孩子都喜欢玩泥巴，泥巴以它独特的手感和超强的可塑性，使孩子们的想象力得到了无穷的发挥。带领孩子们走进森林，请他们找到属于自己的那棵树，并用泥巴去捏出“树之精灵”的样子，不仅可以发展感官，还可以帮助孩子与大自然建立更深刻的连接。听说有个关于孩子的“真理”是：玩泥巴时，他的双手越“脏”，他的眼睛越是放光。

目的： 让孩子接触泥土，增强手眼协调性以及手指灵活性，培养孩子的耐心和专注力，发展想象力

适宜年龄： 3~6 岁

参与人数： 每小组不超过 6 人

准备工作

材料：围裙，小水桶，小铲子，塑胶手套（备用）

活动过程

- 给孩子们讲一个关于大树的绘本故事。
- 带领孩子们到森林里，划定安全范围，请每个小朋友在安全范围里寻找一棵自己特别喜欢的树，找到之后依次去参观其他每个小朋友的树，请各自说明为什么喜欢自己选的这棵树，鼓励孩子们多讲一些细节。
- 带领孩子们挖一个坑，倒入少量的水，和成泥团，请每位小朋友用泥巴在自己的树上做一个面具。可以自由使用自然物（如树叶、羽毛、花朵、浆果等）来装饰自己制作的树的面具，向大家展示自己的“树之精灵”的样子。
- 等大家全部完成自己的作品后，再组织大家一起去参观每一个小朋友的树，请每位小朋友分别向大家介绍自己的“树之精灵”。

活动延伸

每一片森林里都有一棵“母亲树”（附近生长的同一品种的树都是她的后代），可以组织大家一起去寻找这棵树。可以让孩子们在这棵树下或者附近玩耍、吃东西、阅读、休息，时常来看看这棵树，并请每位小朋友为“母亲树”捏一个泥巴面具。

小朋友天生喜欢玩泥巴，但因为家庭教养方式的区别，每个孩子对于泥巴的接受度各有不同，因此在活动开始前，请孩子们穿上围裙或带上备用衣服，减少关于“脏兮兮”的顾虑。个别小朋友不愿意把手弄脏，可以让他们戴上手套，等待他们慢慢爱上泥巴。

参考资料：《森林教育指南》【德】巴伐利亚州食品、农业和林业部　编著　中德财政合作甘肃天水生态造林项目执行办公室　编译；《儿童自然体验活动指南》【美】帕蒂·博恩·塞利　著　肖凤秋　尚涵宇　译。

一年有春、夏、秋、冬四个季节，春季山花烂漫，夏季出水芙蓉，秋季红叶漫天，冬季大雪纷飞，每个季节都有着别样的风景，都有着独特的魅力。每个季节到来的时候，都会带来与众不同的礼物，你发现了吗？将它们带来的礼物收集起来，装在盒中，放在家里最显眼的地方，或者送给想要送的人。制作季节礼盒，不仅可以给孩子们带来美的感受，还能传递美和爱，提醒收到礼物的人，去感受四季的变幻和接纳自然的馈赠。

目的： 引导孩子学习制作季节礼盒，感受自然界与生活中的美

适宜年龄： 3~6 岁

参与人数： 每小组不超过 6 人

准备工作

材料： 带盖子的九宫格收集礼盒，小镊子，缎带，卡片，彩笔

活动过程

- 带领孩子们到自然中漫步，说明活动的安全区域以及安全注意事项。
- 给孩子们一张九宫格的任务卡，任务卡中有 4 格是已经画好，需要去指定收集的自然物，其他 5 个格子的内容则由孩子自己决定，自由收集他们认为最能代表这个季节

的自然物。季节的美好总是转瞬即逝，那么，就让我们打开感官，用眼睛去观察，用耳朵去倾听，用心去收藏吧！

- 回到教室，一起根据收集到的自然物整理和装饰礼盒。
- 带领孩子们一起绘制卡片，然后将季节礼盒带回家，与家人一同分享大自然给予我们的礼物吧！

活动延伸

可以提醒家长，将小朋友带回家的季节礼盒，放在家里显眼的位置，家里有客人拜访时，可以邀请客人一同观看，欣赏自然的礼物。

在教室里布置四季礼盒，请孩子们将每个季节收集到的物品分门别类地清洗、晾干、整理、装入收集盒中。如果收集了很多的干果、树枝、种子等，可以用一个透明整理箱来保存，这些物品是日常手工中非常实用的材料。

参考资料：《大自然是最好的课堂》【韩】郑真姬　著　王佳　译

54 精灵宴席

有一部短片叫作《大自然在说话》，里面的解说词说道："有人称我为大自然，也有人，叫我大自然母亲。我已经度过了四十五亿年，是你们人类存在时间的两万两千五百倍。我并不需要人类，人类却离不开我。是的，你们的未来取决于我。如果我繁盛，你们也将繁盛，如果我衰败，你们也会衰败。"地球不仅是我们人类的家园，也是许许多多生灵共同的家园，让我们为森林里居住的"精灵们"奉上一场宴席吧，感谢它们与我们共享同一片家园。

目的： 让孩子爱上大自然，培养爱心与同理心，喜欢自然界与生活中美的事物

适宜年龄： 3~6 岁

参与人数： 每小组不超过 6 人

准备工作

材料： 小篮子（人手一个）

活动过程

■ 与孩子们一起分享一本关于"森林精灵"的绘本，带领他们展开想象与讨论：森林里都居住着什么样的"精灵"？

■ 告诉孩子们今天的任务——我们要为居住在森林里的“精灵们”奉上一餐宴席，感谢它们与我们共享这片家园。

■ 给每个孩子们发一个小篮子，带领他们到森林里去采集他们认为可以送给“精灵”的“美食”，记得采集一些大片的叶子当作盛放“美食”的碗和盘子。

■ 布置餐桌：选择一块平坦温暖的草地，将采集而来的“食物”盛在“碗”和“盘子”里，鼓励孩子们将餐桌布置得漂亮而美观。

■ 洗手之后，给每个小朋友分发他们的食物，大家一起念诵“谢饭歌”，然后和森林里的“精灵们”一起共享美餐！

活动延伸

一个适合的绘本或者童话故事会为活动带来良好的氛围，强化参与者的体验与感受，帮助孩子们自然地进入到主题活动中。当活动即将结束时，我们也非常建议以一首恰当主题的歌曲作为告别或者结束活动的仪式。

参考资料：《大自然是最好的课堂》【韩】郑真姬　著　王佳　译

■ 摄影 / 黄骥

55 远足

远足是一项经典的户外运动，形式简单，没有太多门槛，也不需要掌握过多技巧和准备太过专业的装备。远足也是一项综合性的感官活动，孩子在远足过程中，去看植物，去听动物和昆虫的声音，去闻草与花的味道，去触摸软硬各不相同的物品，去摸爬滚打，去充分运用自己的身体。此举既锻炼了身体，开发了感官，还帮助孩子和大自然建立了情感连接。

目的： 帮助孩子强身健体，打开感官，连接自然

适宜年龄： 4~6 岁

参与人数： 每小组不超过 8 人

准备工作

场地测评： 提前对远足路线进行测评，需要考量的要素包括距离，难易程度，是否有原则性风险，沿途的动植物情况等。

参与者需全副武装： 户外徒步鞋，应季户外长袖衣裤，帽子，保温水壶，双肩背包，食品，垃圾袋，小坐垫等。

老师需要携带： 备用的食物与水，地图，绳索，指南针，对讲机，口哨，头灯，湿纸巾，午餐垫，急救包。

活动过程

■ 明确目标：根据季节、线路的不同，可为远足活动设定不同的主题，如“寻找春天”

“采集浆果”“收集种子”等，或者“山谷探险”这一类的。一个吸引人的主题会激发孩子们极大的参与兴趣，还能帮助他们度过远足的疲惫期。

- 检查着装：请孩子们互相检查，老师可做最后确认，培养孩子们养成“要为一件事做好充分准备”的习惯。
- 出发：可以对小朋友有一个小小的分工与编队，可分为小领队、小收队、小闹钟……匹配的角色会令孩子们参与起来更加投入。
- 休息：提前告知孩子们行进与休息的节奏，每隔半个小时，休息一次。休息的时候，尽可能找平坦开阔的区域，将小坐垫拿出来，歇一歇，喝点水，如果肚子饿，可以吃点东西补充能量。
- 林间午餐：午餐对于远足中的孩子们来说会是一段非常值得享受的时光，老师可以提前预留出充裕的时间，找一块温暖平坦的草地，铺开餐垫，请大家将带来的食物都放在餐垫上，还可以用自然物布置一下准备开饭，并在进食前一起念诵“谢饭歌”！
- 返程：返程时，孩子们可能会有些疲惫感，此时可以布置一些小任务给大家，如：“收集 5 种毛绒绒的植物”“收集 5 种不同颜色的自然物”等，去引导小朋友忘却疲累，投入体验。
- 结束分享：可以将食物装在容器里，请每个小朋友分享自己的收获或者新发现。分享完之后就可以拿走一块食物享用，再将盛食物的容器传递给下一个人。

活动延伸

随着孩子年龄及户外经验的增长，远足范围慢慢扩大，徒步里程慢慢增加。这样的过程也是小朋友以家和幼儿园为圆心，熟悉周边环境，了解自己与家乡地理环境的一个过程。

还可以将远足与其他活动相融合，开发新的远足主题，如“自然观察”“森林写生”“跑山打卡”等。

附件信息

野外活动守则——为了我们能够更安全地享受户外活动，在活动正式开始前，我们必须和孩子们一起达成以下约定：

不随便触碰不认识的动植物；不要吃任何不认识的野果；不接触动物的尸体和粪便；降低音量，避免惊扰野生动物；小心行动，减少对自然的破坏；带走垃圾，爱护森林。

56 绳子保护

绳索作为救援人员最常用的工具之一，在野外求生的关键时刻扮演着重要的角色。在野外，一根专业的户外绳索拥有着百变的魔力，不管是爬坡速降、求生急救、搭建避难所，还是制作临时晒衣架等，都能起到非常重要的作用，是户外探索的必备装备之一。对于幼儿园的小朋友而言，熟悉并了解绳子的功能，学习掌握基本的绳子保护方法，是非常必要的户外探索启蒙手段，也可以从小培养正确的安全意识。

目的： 了解绳子的功能，学习掌握基本的绳子保护方法，培养安全意识和自我保护能力

适宜年龄： 4~6 岁

参与人数： 每小组不超过 5 人

准备工作

材料： 一块坡地，坡地上方需要有一棵健壮的大树，直径在 30 厘米以上，一根长度 30 米左右的静力绳

活动过程

■ 老师带领孩子们一起了解静力绳的功能和使用方法，每次使用绳索前，务必仔细检查，确认绳索没有损坏、开裂的情况。

■ 建立单点保护站。老师在坡上方的大树上用绳子的一头以布林结打一个单点保护站，绳尾则需要打好防脱结。请另外一名老师再次检查确认绳结牢固、结实。

■ 老师在绳索上每隔 50 厘米的距离，打上一个蝴蝶结，以此作为安全保护中的抓手结。

打好绳结之后，另一名老师检查确认绳结牢固、结实。

打蝴蝶结的方法：

① 将绳子放在手掌中；

② 将绳子在手掌上绕三个圈；

③ 穿过第三圈把中间的绳圈拉出；

④ 翻到左边，再穿过第一和第三圈拉到右边；

⑤ 把绳结拉紧，就形成蝴蝶结了。

■ 请孩子们在山坡底下排队等候，老师示范在攀爬的过程中，如何利用蝴蝶结作为抓手，借力向上攀爬。

■ 待老师给出指令后，准备好的孩子们开始向上爬坡，在向上攀爬的过程中，如果有需要，可以借助蝴蝶结辅助攀登，如果不需要，手脚并用攀爬也是可以的。

■ 收纳绳索。收纳绳索也是一门技术活，绳索收纳的好坏，不仅影响着下一次使用是否方便，还对于绳结的使用寿命起着关键作用。

绳结收纳的方法：

① 将绳子的一端来回地折几次；

② 以刚才形成的绳子为轴心，由上往下一圈圈紧密地缠绕；

③ 绕到最后，将绳子的末端穿入下方的环里；

④ 拉上方的环使之固定。

■ 将用过的绳索保存在干燥、通风处，最好悬挂起来，不要将绳索放在潮湿的地面上或强烈阳光下。

活动延伸

可以将“绳结”的意识贯穿在幼儿园的日常生活中，无论是绑鞋带、晾晒物品或是进行拔河等活动，都可以作为一次与绳子有关的练习。等孩子们熟练掌握了一些简单的绳结技术之后，可以带领他们做与绳结有关的游戏。

附件信息

蝴蝶结（Alpine butterfly Knot），又称阿尔卑斯蝴蝶结，号称“绳结王后”。蝴蝶结是一种非常实用的绳结，它的优势在于形状完全对称且强度很大，无论哪一边受力过多都不会导致绳结变形，多用于多人结组前进时，安全保护中的抓手节。

57 生火

火是连接人和自然最原始的一种方式。火对于儿童始终具有一种天然吸引力，生火活动，不仅可以满足孩子们对于火的好奇，还可以教会他们正确地看待火、使用火，学习与火有关的安全知识。

目的： 引导孩子学习与火有关的常识，学习如何生火，学习用火的安全知识和培养自我保护能力

适宜年龄： 4~6 岁

参与人数： 每小组不超过 5 人

准备工作

材料： 打火机，水，水桶，灭火器，急救包

活动过程

■ 场地的选择：若想在户外生火，一定要获得用火许可；在选择场地时应尽量选择空旷、安全且避风的平地，离建筑与活动区域均应有一定的距离；尽量选择砂石等可耐受地面，如果是在草地上生火，火堆下方最好先铺一个铝膜垫，垫子上再铺上5厘米厚的土质，这样便不会伤害到草地。

■ 篝火圈：请孩子们拾来一些大小差不多的石头，在指定的位置，用石头围一个篝火圈，我们将在篝火圈内生火。

■ 安全圈：篝火圈的外围，距离篝火圈大约30厘米的位置，用稍微小一点的石头，围一个更大的圆圈，这个就是“安全圈”，孩子们要在“安全圈”的外围活动，只有获得老师的许可之后，方可进入“安全圈”与“篝火圈”之间添加柴火。

■ 拾柴火：请孩子们一起拾两种不同类型的柴火：

① 引火柴：用火柴就能点着的细柴火，如枯松针、落叶、小枯树枝、稻草等；

② 燃烧柴：用来搭建柴火架，也是生火的核心材料，直径最小也要成年人拇指粗细，长度约为老师的小臂长；

■ 架柴火：将燃烧柴按照塔型一根一根地架在一起，柴火的上端紧紧靠在一起，下端插在篝火圈的内侧，慢慢调整，直至柴火堆非常稳固。在柴火堆的下方留一个小口，在小口中放入适量的引火柴。

■ 生火啦！点火是一个庄严而隆重的时刻，可以请所有的小朋友全都围在安全圈以外，将注意力集中在柴火堆上，然后点燃引火柴。视燃烧的情况，可以再适量添加一些，直至燃烧柴也完全燃烧起来。

■ 灭火：最安全的方法是“双重灭火法”，即：

① 把炭的余烬和燃烧过的木柴分开；

② 将水慢慢地泼下灭火到完全看不见红光为止，多仔细检查几遍；

③ 将未燃烧完的柴枝和未用的柴收集整理，根据木材的粗细码放整齐待下次再使用；

④ 在篝火圈附近挖一个坑，将炭倒进坑里，再将泥土覆盖在坑上；

⑤ 清理架篝火的地面，挖些泥土撒在上面，以彻底消灭火的余烬；

⑥ 将生火的场地恢复原状，如果条件允许可以保留篝火圈，使其成为一个固定的生火的场所。

活动延伸

可以与美食体验活动一同进行，在生火的同时，还能马上品尝火带来的美食，会是非常难得的体验；或者作为“荒野烹饪”的前置性课程，在掌握了生火的基本要领之后，带领孩子们继续深入进行与火有关的主题活动，利用火做各式各样的荒野美食，如叫花鸡、岩石煎饼等。

篝火晚会：火是一种非常有仪式感的载体，如果幼儿园有露营或者庆典类的活动，非常适合在晚上举办一个小小的篝火晚会。让孩子们同家长一起搭建篝火圈，当夜幕降临，围着篝火唱歌、跳舞、讲故事、表演，对于孩子将是非常难忘的童年记忆。

在日常生活和户外探索中，孩子们经常会遇到需要爬坡和下坡的情况，上下坡练习对孩子还在成长过程中的腿部骨骼和肌肉力量提出了较高的要求，孩子们通过爬坡和下坡来试探自己的能力，通过完成一些有一定难度的行动来确立对自我行为边界的认知，通过达到更高的高度和完成更有挑战性的动作，来建立身体自信和形成积极的自我印象。

目的： 鼓励孩子通过运动获得健康的体态，学习爬坡和下坡，锻炼平衡能力，了解基本的安全知识和具备自我保护能力

适宜年龄： 3~6 岁

参与人数： 每小组不超过 5 人

准备工作

提前找好一片土质疏松、无大石块等尖锐物品的坡地，如果能选择园区或者林间的自然坡地则更佳；对于儿童而言的坡地与成年人概念上的坡地有很大不同，于水平线而言，20~35 度左右的高低落差，于儿童来说已经比较陡了。

活动过程

■ 热身：带领小朋友热身，充分地舒展和打开身体。

■ 攀爬练习：由老师向孩子们示范猫爬、猴子爬、鳄鱼爬，并请孩子们模仿和练习，待孩子们掌握要领后，可练习攀爬矮墙、儿童岩壁等。

■ 平衡练习：老师带领孩子们在低矮的平衡木、斜坡、荡桥上练习行走，有意识地加入拉手转圈、秋千、转椅等游戏活动，让孩子们适应轻微的摆动、颠簸、旋转，增强他们对“失衡”的适应性，增强平衡感。

■ 摔倒练习：在土壤疏松、无石块等尖锐物的斜坡上，向孩子示范在摔倒时如何保护自己。

■ 爬坡练习：弯下腰，重心向前，慢慢向上爬坡，可以鼓励孩子们手脚并用。

■ 下坡练习：蹲下来，放慢速度，身体略向后倾，重心向后，下坡时遇到难度较大的地方可以坐在地上，靠臀部挪动向下。

■ 带领孩子们在坡地上自由玩耍，让他们在游戏中自然而然地熟悉并掌握爬坡和下坡的动作要领。

活动延伸

经过一段时间的爬坡下坡练习之后，可带领孩子们进行真正的实操，在进行远足或者小型登山活动的过程中，检验爬坡与下坡练习的成果。有了大量的爬坡下坡练习，在面对远足及登山活动时，孩子们的信心也会更足。

滑土坡：让孩子们穿上厚厚的连体户外服，从森林里的大土坡或草坡上滑下去，这个活动将会成为幼儿园最受欢迎的活动，它对儿童有一定的挑战，非常有利于锻炼他们的动作发展和身体协调能力。

■ 摄影 / 黄骥

59 爬树

幸福的幼儿园是什么样子的？其中一定有一个项目是爬树！德国教育家弗里德里希·威廉·奥古斯特·福禄贝尔曾说：“爬上一棵树对孩子来说，就像打开了一个崭新的世界！”对于孩子而言，可以很好地掌控和运用自己的身体，是他们启动生命原始驱动力的开始。事实证明，孩子在爬树过程中，注意力会高度集中，而且爬树可以极大地帮助孩子们探索、运用和掌控自己的身体，帮助孩子建立最初的身体自信。

目的：引导孩子锻炼身体，学习爬树，高空体验，了解基本的安全知识和培养自我保护能力

适宜年龄：3~6 岁

参与人数：每小组不超过 4 人

准备工作

选择一片土地松软的森林，森林中需要有很多伏倒但仍然强健的大树，或者一棵直径在 40 厘米以上、有很多强壮杈丫、离地面足够近的大树，且要求大树周围的土地较为平软，没有尖锐的石块、树桩、栅栏等。

活动过程

■ 带领孩子们到选定好的森林里，或者大树下，在正式开始活动前，唱一首与森林或

大树相关的歌谣，或者讲一段相关的绘本故事，然后让孩子们开始自由地玩耍与探索。

■ 如果有倒伏的大树，可以作为热身的游戏，鼓励孩子们尝试把它们当作平衡木去走。如果有足够大的树，可以请大家尝试能否做到：所有的小朋友都在同一棵树上走动。以激发那些对自然环境还比较有陌生感的小朋友的兴趣。

■ 孩子们天生喜欢攀爬，当他们认为自己准备好了的时候，他们会主动地去探索攀爬那些能力范围以内的树。他们会设计很多与树木相关的游戏，比如将倒伏的大树当成火车，或者是需要穿越的秘密基地。这些树木就是他们的老师，而园中老师要做的，只是关注和引导。

■ 在活动环境准备方面，如果是园区内的大树，可以在大树周围放几根粗壮的木头，作为辅助攀爬的“梯子”，或者诸如软梯、攀爬网之类的装置，为孩子们创造一个自由且安全的环境。一切准备就绪后，当孩子们准备好，他们就会去爬树。

■ 对于森林幼儿园而言，我们更主张让孩子自由地去探索和徒手爬树，无需额外的装备和保护。对于老师而言，唯一需要做的，就是准备好适当的环境，以及在外围做好看护。这样更有助于孩子们了解自己的身体以及对安全边界的感知。

活动延伸

爬树这一过程中，在树木的选择方面，可以从离地面较低的树木开始训练，渐渐往更高大的树木过渡。

树上有着更高的空间和更宽阔的视野，可以请小朋友在树上做自然观察、观鸟等体验，或者与“活动 28——小鸟之家”活动相结合，请小朋友们将亲手制作的鸟窝安装在树上。

■ 摄影 / 黄骥

在狭小的空间里睡觉和玩耍，是符合幼儿年龄特点的行为，孩子们喜欢这种隐蔽的小空间带给他们的安全感和乐趣，不仅如此，帐篷就如同打火石、指北针、头灯一样，是冒险家的标志，对小朋友有着神奇的吸引力。帐篷意味着露营，意味着野外，意味着夜晚，意味着冒险，承载着小朋友对独立和成长的渴望，搭帐篷的活动可以在极大程度上满足小朋友的探索欲和冒险心。

目的：了解帐篷的基本构造，学习搭建帐篷，鼓励孩子的探索欲和冒险心

适宜年龄：4~6 岁

参与人数：每小组不超过 6 人

准备工作

材料：一块适宜露营的场地，帐篷，防潮垫，睡袋

活动过程

■ 将露营三件套（帐篷、防潮垫、睡袋）放在孩子们面前，带领他们认识露营三件套。

■ 学习与帐篷有关的知识——帐篷分内帐、外帐、帐篷撑杆、防风绳及地钉，将帐篷打开，请孩子们了解帐篷的结构及每一部分的用途。

■ 为孩子们示范帐篷的搭建方法，并提醒安全注意事项，尤其需要注意保持帐篷与帐篷之间的距离，提醒孩子们在撑帐杆的时候，不要戳到其他人，不要拿着帐杆玩耍。

■ 请孩子们分成小组自由探索，在提前规划好的场地上搭建帐篷，老师在一旁观察孩子们的状态，适时为他们提供指导。

■ 等孩子们搭好帐篷之后，老师挨个检查每个小朋友的帐篷，并跟他们分享每个帐篷搭得好的地方，以及需要改进的地方，注意打开帐篷的透气窗。

■ 请孩子们在帐篷里铺好防潮垫，然后就可以开始在帐篷里自由玩耍啦，需要提醒小朋友，进帐篷请脱鞋，进出帐篷需要及时拉上帐篷内帐的拉链。

■ 拆帐篷并收纳，也是一件考验人的事情，请孩子们按小组合作，把帐篷拆下来，并把每个部件整齐地码放好。

活动延伸

帐篷独立夜：虽然对于幼儿园的小朋友来说，在林子里搭帐篷，并度过一个美好的下午已经是非常棒的体验了。但是，为即将毕业的小朋友，或者平常有比较多户外探索经验的小朋友策划一次真正的帐篷独立夜，加上篝火与戏剧表演，将更会是一次仪式感满满的小成人礼。

印第安帐篷：让孩子们模仿帐篷的结构，通过使用木棍、绳子和树叶等，尝试搭建更自然化的印第安帐篷。

附件信息

帐篷根据容纳人数、适应季节、搭建方式的不同，可分为以下三大类型：

1. 按容纳人数分，帐篷可分为单人帐、双人帐、三人帐、多人帐等。

2. 按适应季节分，帐篷可分为三季帐、四季帐和高山帐。三季帐只能在春、夏、秋三个季节使用，四季帐则可以在一年四季中的任何季节使用，高山帐又称为探险帐篷（Expedition Tent），是在进行高山攀登时使用的，防风防雨保温的性能更加强大。

3. 根据搭建方式的不同，帐篷可分人工搭建类和自动搭建类，一般的公园帐多为自动搭建类，适合家庭休闲使用，而专业的户外露营则需要使用功能更加强大的人工搭建帐。

61 挖坑

摄影 / 冷琴

著名幼教专家苏霍姆林斯基说，“儿童崇高的心灵是在劳动中逐渐培养起来的。对于儿童来说，劳动不仅能使儿童获得一定的技能和技巧，而且还能给他们一个丰富的思想世界。”挖坑既可以是一个单独的小活动，也可以与农耕、水渠建造或者“跳泥坑”等活动相连接，变成一个劳动工程型的项目。

目的： 学习挖凿泥坑，了解土层结构，发展手的精细动作，增强力量

适宜年龄： 3~6 岁

参与人数： 每小组不超过 8 人

准备工作

材料： 一块土壤松软的平地，小花铲，小耙子，塑柄儿童铁锹（尖头和方头），手套，小篮子，急救包

活动过程

- 提前划定好挖坑的范围，尽可能选择砂石少的平地，用小石子或者木棍标定每一个可以挖坑的位置，注意保持一定的间距。
- 向孩子们示范如何用不同的工具挖坑，并用两根不同的木棍向孩子们展示挖坑应该达到的宽度和深度。
- 分发工具，提醒小朋友工具使用的规则，如：工具只能用来工作而不能用来打闹，使用铁锹时注意铁锹头要始终冲向地面，而不能冲向人。
- 可以让孩子们尝试不同工具挖坑的效果，如小花铲、尖头铁锹、方头铁锹等。如果有小朋友暂时不太愿意直接触碰土壤，可以给他们发手套，等待他们慢慢尝试。
- 在挖坑的过程中，可能会挖到各种各样的“宝贝”，如石头、瓦片、贝壳、树根等，可以让孩子将它们收集到自己的小篮子里。
- 鼓励孩子们用木棍对工程进行测量，直到达到标准的宽度和深度。
- 根据课程设计，可以在挖好的坑里种植树木、蔬菜、花卉等，或是进行挖沟渠、筑堤坝之类的工程活动，或者将它变成一块孩子们自由玩耍、探索的场地，如果仅仅是作为一次挖坑练习，则需要将土壤回填。

活动延伸

观察土壤动物：将挖出的土壤放在筛子上过滤，将从土壤里过滤出来的昆虫或者小动物装入昆虫饲养盒，用放大镜观察。注意爱惜小昆虫，不要使它们受伤或置于太阳下暴晒，观察之后尽快将它们放回土壤中。

挖大泥坑：当孩子们熟练掌握挖坑的技能之后，可以请所有的孩子们一起挖一个大泥坑，接下来它将是大家进行“跳泥坑”活动的场地，这项工程可能会持续时间比较长，可以将它变成一段时期内的固定劳动工程项目。当亲手挖的泥坑形成后，可以邀请家长们来一起参加“跳泥坑”。

■ 摄影 / 黄骥

动画片《小猪佩奇》里的小猪佩奇，最爱的活动就是“Jumping up and down in muddy puddles!（在泥坑里跳上跳下！）”英国每年 10 月都会举办儿童跳水坑大赛，评判标准是溅起水花的大小和高度，每年都有许多小朋友参加这个欢乐的比赛。不管是对小猪佩奇，还是对所有的儿童而言，跳泥坑都是最具有魅力的“Messy play”。

目的：引导孩子体验跳泥坑的乐趣，提升身体灵敏性，练习自我保护

适宜年龄：4~6 岁

参与人数：每小组不超过 6 人

准备工作

儿童自备材料：防水的长袖长裤或者连体涉水服，泳帽，泳镜，雨鞋，浴巾，换洗的干净衣服

幼儿园准备材料：干毛巾（备用），便携应急包

活动过程

■ 换装。老师带领孩子们穿上专门为跳水坑而准备的连体涉水服或玩耍服，戴上泳帽和泳镜，穿上雨鞋。

■ 老师再次检查泥坑或者泥塘，确认泥坑的深度适宜，以及泥坑中没有石头等尖锐物品。

■ 在进入泥坑前，事先跟孩子讲解跳泥坑的基本规则和安全注意事项。比如，不要在泥坑里推搡打闹，不要用沾满泥巴的手揉眼睛，跳完泥坑后洗手洗澡等。

■ 请准备好的小朋友开始跳泥坑，注意限定进入泥坑的人数，避免泥坑里挤满太多人而发生意外。对于暂时还没有准备好或者对跳泥坑有抗拒情绪的小朋友，可以请他们在一旁观看，无需勉强，等待他们做好准备后再加入。

■ 换洗衣服：带领孩子们一起去洗澡，换上干净的衣服。教孩子自己清洗满是泥浆的玩耍服也是很重要的工作哦！

活动延伸

还可以玩摔泥炮游戏。把一团泥巴捏成小碗状，碗底做得薄一点，边沿略厚一点。再朝碗里吹口气，向所有伙伴问到“泥炮泥炮响不响”，伙伴们说“不响”。这时，就用力把泥碗反摔在地上，碗底破个洞，就会发出“嘭”的一声响。

附件信息

Messy play（混乱的游戏），是指让儿童自由自在地使用各种不同的材料，不断探索材料的特质和变化，不受任何限制地玩耍。英国的幼儿早期教育非常提倡和鼓励Messy play，许多幼儿园、保育中心、社区都会给儿童提供 Messy play。

Messy play 给予儿童充分的自由，充分尊重儿童探索的过程，而丝毫不在意儿童在这个过程中，是否会将环境和自己弄得脏兮兮的。

在英国早期教育基础阶段 EYFS 标准中，幼儿的身体发展是基础教育中的核心目标之一。Messy play 可以让孩子充分打开感官，通过五感促进大脑神经的发展，提高身体和感知上的灵敏度，让儿童利用身体的感知去探索他们所处的环境以及外在的世界，这对于儿童早期的成长是非常关键的。

老师的随身小包

保温水杯： 在户外，照顾好自己是第一要务，这对于小朋友也是很好的示范。

垃圾袋： 作为森林幼儿园的老师，遵循无痕山林原则既是对大自然的保护，也是对孩子的言传身教。

笔记本： 用来做自然观察的记录，或是儿童观察的记录。

铅笔和彩笔： 用来做自然观察、自然写生或者儿童观察。

免洗洗手液、一次性酒精棉片： 消毒。

纸巾、防晒霜： 个人防护用品。

工具包： 根据不同的环境、不同的主题和课程，可以选择携带不同的工具包：

① 野外观察工具包：放大镜、听诊器、镊子、小铲子、昆虫饲养盒/采集盒、卷尺、望远镜等；

② 野外活动工具包：指北针、打火石、小刀、头灯、对讲机、绳索。

急救包： 每一位森林幼儿园老师的背包里，需要常备一个急救包，以备不时之需。急救包中配备的物品请见下一条。

急救包

急救包（外出）				
药品	**小创伤**	**大创伤**	**防护**	**其他**
风油精	碘伏棉签	纱布	一次性手套	温度计
盐丸	酒精棉片	绷带	一次性口罩	冰袋
晕车贴、降温贴	小号创可贴	医用胶布	保温毯（冬季）	户外创伤急救书
云南白药气雾剂	大号创可贴	小剪刀		镊子
花露水	棉签	小刀		暖贴 / 暖宝
季德胜蛇药片		创伤头罩		
防治蚊虫的药膏		止血带		

急救箱（营地常备）				
常备药品	**小创伤**	**大创伤**	**防护**	**其他**
风油精	碘伏棉签	纱布	一次性手套	温度计
盐丸	酒精棉片	绷带	一次性口罩	急救毯
晕车贴、降温贴	小号创可贴	医用胶布		冰袋
云南白药气雾剂	大号创可贴	小剪刀		户外创伤急救书
花露水	棉签	小刀		镊子
感冒冲剂		创伤头罩		暖贴 / 暖宝
蒙脱石散		止血带		
季德胜蛇药				

太阳山谷森林学校

让中国孩子有力量™

由三皮领导的“太阳守望者”教育团队，坚守户外教育的初心，将多年从户外教育经历中汲取的教学实践经验进行系统梳理，集结有关儿童青少年森林教育、户外探索教育和体验式教育的内容，并遵循了户外教育的内在逻辑规律，创作了这套“户外探索教育系列工具卡”。可以说它是此领域不可多得的优质工具书，也必将成为促进青少年户外教育发展的行业标杆！如遇见并拥有此系列书籍，实乃幸事！

——北京大学山鹰社指导教师
北京市青少年营地教育协会副理事长 钱俊伟

“太阳守望者”深知，想要推动户外教育、自然教育、营地教育在中国的发展，除了行业人员开展大量项目实践以外，沉淀整理也相当重要。于是，他们花了很大的力气编辑这套工具卡。这是一套汇聚了“太阳守望者”12年的实践经验，同时基于工作场景的实用性设计而成的工具卡，是每位户外教育工作者的贴身好帮手。从一个个感人的太阳故事中，从一张张精美的照片里，从一份份详细的活动介绍中，我看到“太阳守望者”们一颗颗炽热的心！我仿佛听到他们内心的呼喊：中国孩子有力量，国家才能有力量！向可爱可敬的“太阳守望者”致敬！

——中国著名教育专家
“知心姐姐” 卢勤

策划编辑：王　炎
封面创意：谭　娜
营销编辑：孙培杰　于化雨
李妮娜　汪　荣
电　　话：16601389360

欢迎关注
“山河勇士”公众号

上架指导　户外教育

ISBN 978-7-111-69078-8

9 787111 690788 >

定价：99.00元